U0113624

中国古代大政治家的治国智慧

◎ 马平安 著

汉武崇儒

尊崇儒术与王霸兼用

中国文史出版社

图书在版编目（CIP）数据

汉武崇儒：尊崇儒术与王霸兼用 / 马平安著 . --
北京：中国文史出版社，2021.12
（中国古代大政治家的治国智慧）
ISBN 978-7-5205-3159-7

Ⅰ . ①汉… Ⅱ . ①马… Ⅲ . ①汉武帝（前 156- 前 87）—生平事迹
Ⅳ . ① K827=341

中国版本图书馆 CIP 数据核字 (2021) 第 181638 号

责任编辑：窦忠如

出版发行：中国文史出版社
社　　址：北京市海淀区西八里庄路 69 号院　邮编：100142
电　　话：010-81136606　81136602　81136603（发行部）
传　　真：010-81136655
印　　装：廊坊市海涛印刷有限公司
经　　销：全国新华书店
开　　本：787×960　1/32
印　　张：6.5
字　　数：113 千字
版　　次：2022 年 9 月北京第 1 版
印　　次：2022 年 9 月第 1 次印刷
定　　价：36.00 元

作者简介

马平安，1964年生，河南卢氏人，历史学博士，中国社会科学院近代史研究所研究员、中国社会科学院大学教授。出版著作《晚清变局下的中央与地方关系》《近代东北移民研究》《北洋集团与晚清政局》《中国政治史大纲》《中国传统政治的基因》《中国近代政治得失》《走向大一统》《传统士人的家国天下》《黄帝文化与中华文明》《孔子之学与中国文化》等30余部，发表文章50余篇。

总　序　治理国家需要以史为鉴

世上任何事情的出现，都是一种因缘关系在起作用的结果。

这套即将问世的政治家与中国传统国家治理智慧的小丛书，即是本人对中国传统政治与文化多年学习与思考后水到渠成的一种自然的结果。

从宏观上来看，国家的治理是一项十分复杂的系统工程。但如果将这一复杂性和系统性作抽象的归类，其基本内容则主要只有两项，也就是《管子·版法解》中所说的"治之本二：一曰人，二曰事"。这其中，人才是关系国家兴衰的第一要素，所以《管子·牧民》篇又说："天下不患无臣，患无君以使之；天子不患无财，患无人以分之。"历史上，政治家对国家制度的探讨、官员的任用、民众的管理、财政的开发、外交的谋划、各种突发事件的应对及处理，等等，无不是对国家治理经验的丰富与积淀，而由这些内容所形成的政治文化，就成为中华民族文化中极其重要的组成部分。

　　中外古今大量历史经验表明，一个国家和民族的存在与发展，最根本的依赖是文化，以及由文化而产生出来的文化精神。民族的文化精神是一个国家和民族赖以生存和发展的支柱，是一个国家和民族的脊梁，代表着一个国家和民族的精气神。离开了文化和文化精神的支撑，该国家或民族的存在便无以为继。从周公到康熙皇帝，他们都是在中国乃至中华民族发展历史上作出了巨大贡献的杰出人物，他们缔造的政治制度、所展现的政治智慧，都成为中国文化精髓中的重要组成部分，对中华民族的传承与发展有着不可替代的支撑作用。

　　中国古人懂得总结历史经验教训的重要性，应该是从黄帝时代就开始了，但有明确文字记载的，则要从周人说起。

　　周人对历史经验的总结、回顾，从文王时代就已经有了明确的记载。《诗经·大雅·荡》篇引文王所说的"殷鉴不远，在夏后之世"，就是周文王针对殷纣王不借鉴也不重视夏后氏被商汤灭亡的教训所发出的叹惜。朱熹在其《诗集传》中说："殷鉴在夏，盖为文王叹纣之辞。然周鉴之在殷，亦可知矣。"文王一方面为殷纣王而叹惜，另一方面也以历史的经验教训作为周人的戒鉴。

　　殷商灭亡后，周武王、周公以及其他一些有为的周王和辅政大臣更是常常总结夏殷两代人的经验教训。这可以分成两个方面，一方面是对夏殷两代成功统治经验的总结以供学习、效法；另一方面是对夏殷两代执政者的罪过、错误和失败教训的总结以供戒惕。这种模式，可以说是开了中国人史鉴意识的先河。

周人思维的特征之一就是习惯以古观今，拿历史来借鉴、说明、指导现实以照亮未来前进的方向。周初统治者即是这种思维特征的代表人物。周公治理国家，不仅总结了夏殷两代失败的历史教训，而且还总结了夏殷先王成功的历史经验，并对这些经验予以高度的赞扬和汲取，从而开创了中国历史上的封建政治制度与建立了家国一体的文化意识。从《周易》《尚书》《诗经》《周礼》《仪礼》等若干先秦文献中，都可以看到周人具有的这种浓郁的史鉴意识。这种文化意识，深深地影响了中国人的文化与心理。

在现实生活中，我们在欣赏画作时，都知道每幅作品中藏着一个画魂，这个"魂魄"，往往代表了这幅画境界的高低与价值的大小。

以史观画，史学的作品，又何尝不是如此呢？

本丛书之"魂"，即是"传统国家治理的经验与教训"。这是一条古代政治家治理国家所汇集而成的波浪滔天、奔流不息的历史长河，在这条奔腾前行的河面上不时迸溅出交相辉映、绚丽夺目的朵朵浪花。

这也是一条关于中国古代治理智慧的珍珠玛瑙链，是对古代政治家治国理政智慧和务实政治原则的浓缩，是对古代统治者及关注政治与民生的政治思想家们勇猛精进所创造历史的经验教训的一种总结。

纵观中国古代治理史，夏、商、周三代，周公对国家的治理最具有代表性，他封邦建国，创建宗法制度、礼乐文化，以德治国，注重史鉴，对中国传统政治文化价值体系的形成和发展，有着独特的贡献。春秋时期，孔子对国家治理的思考与探索亦堪称典型。他把政治的实施过程看作是一个道德化的过程，十分强调执政者自己在政治实践中以身作则的表率作用，主张"礼治""德治""中庸"，十分强调统治者在治国理政中富民、使民、教民的重要性。战国时期，商鞅改革的成就史无前例。商鞅最重视国家的"公信力"，他主张用法治手段将国民全部集中于"农战"的轨道，"法""权""信"构成了他的治国三宝。在商鞅富国强兵政策的基础上，秦王嬴政实现了国家的统一。秦始皇所开创的中华帝制、郡县制，所拓展的疆域，进一步奠定了中华民族发展的基础。楚汉战争胜利后，刘邦建汉。作为一个务实且高瞻远瞩的政治家，他更具有史鉴意识，采用"拿来主义"，调和与扬弃周秦政治，他的伟大之处在于实行"秦果汉收"，兼采周公与秦始皇治国理政的长处，从而较好地解决了先秦中国政治遗产的继承和发展问题。汉武帝是继周公、孔子、秦始皇、汉高祖之后又一具有雄才大略的不世之主。他治国理政兼用王霸之道，在意识形态上采取文化专制主义，尊崇儒术，重视中央集权以及皇权的建设。三国两晋南北朝时期，因为分裂与战乱，这一时期鲜有在国家治理方面高水平的大政治家，其间尽管有曹操的挟天子以令诸侯、在北方开辟屯田；诸葛亮治理西蜀与西南地区，但皆无法与统一强大王朝的治理体系与能力相媲美。唐宋时代，唐太宗、宋太祖对国家的治理堪为后世示范。唐太宗的三省制衡机制、宋太祖对文官制度的重视与建设都很有特色。北宋后期有王安石变法，但这种努力以失败而告终，非但没有能够挽救北宋王朝，相反倒十足加剧了北宋的动荡与灭亡。明代中后期，统治者一直在寻找振兴之路，其中以张居正新政最具代表性。张居正治国理政所推行的考成法与一条鞭法，为后来治国者的治吏与增加财政收入提供了经验教训。清朝前期，康熙皇帝用理学治国，用各民族团结代替战国以来的"长城线"边防思维，今天中国五十六个民族、幅员辽阔的疆域领土、大国的自信，等等，都是那个时候奠定的。康乾盛世是中国古代五大盛世中成就最高的盛世，康熙皇帝治国理政的经验教训值得总结。

从历史上看，历代帝王圣贤皆重视治国理政、安民惠民，这是经济义理之学所以能成为中国传统文化核心特征的一大重要因素。

笔者以为，在追求学问之路上，大致可以分为四重境界来涵养：

第一重境界，专业之学。也可以称为职业之学，是人们讨生活、养家庭，生存于天地、社会间必具的一门专业学问。只要努力与坚持，人人可为，尽管会有程度高低不同。

第二重境界，为己之学。也可以说是兴趣之学、爱好之学、养基之学。对于这种学问，没有功利，不为虚名，只为爱好而为之。

第三重境界，立心之学。在尽可能走尽天下路、阅尽阁中书，充分汲取天地人文精华的基础上，立志尽己之能为人间留一点正能量的东西，哪怕是炳烛、萤火之光。

第四重境界，治国平天下之学。这种学问在实践上有诸多苛刻条件的限制，无职无位无权者很难走得更远；在理论上也需要有远大抱负、超凡脱俗之人来建树。做这种学问的目的，在于"为万世开太平"，为民族为国家之繁荣富强，为民众之安康福祉，生命不息，追求不已。

从格局上看，古人读书写作多非专职，由兴趣爱好适意为之，因为不是为了"衣食"，故以"为己"之学为多，其旨意亦多追求"立德立功立言"，在著作上讲究"经济义理考据辞章"。窃以为，古人眼中的"经济"，远不是今人所说的"经济"。"经"者，经邦治国；"济"者，济世安民也。经邦治国，济世安民才是古人心中的"经济"之学。"义理"是追求真理，为世人立心，替生民立命。"考据"重在材料在学术研究中的选择及运用。"辞章"则是重视文采的斑斓与华丽。对"经济""义理"的向往和追求是国人的动力，是第一位的。孔子曰："言而无文，行之不远。"此"文"说的就是"经济""义理"。"考据"需要勤奋、细心、谨慎、坚持就可以做到。"辞章"则往往与人的天赋与性格关系很大，千人千面，很多不是通过努力就能达到的。姚鼐在《述庵文钞·序》上说："余尝论学问之事，有三端焉，曰：义理也，考证也，文章也。"章学诚在《文史通义·说林》中说："义理存乎识，辞章存乎才，征实存乎学。"今天，如何学习与继承中国古人优良的著述传统，在生活实践中树立"修齐治平""家国天下""立德立功立言"三不朽意识，将"经济义理考据辞章"融会贯通，目前还有很多值得努力的地方。

从学术角度言，一部好的史学作品，离不开对史料的抉择与作者论述的到位。资料的充实、可靠，作品的立意高格、布局得体是形成一部好作品的必要条件，尤其是资料是否充实、可靠更是研究工作的基础。很明显，本丛书的立意布局都需要充实的资料来讲话。不幸的是，中国虽然是一个历史大国，然而扫去历史的尘埃，一旦进入相关领域认真搜寻探究，就会发现，史料的不足与缺乏成为制约史学作品完善与深入的瓶颈。从现有资料看，研究周公治国主要有《周易》《今古文尚书》《周礼》《仪礼》等；商鞅有《商君书》、出土的文物、《史记》等，孔子有五经、《论语》等；秦始皇有《史记》中的《秦始皇本纪》《秦本纪》，以及一些出土的秦简、文物等；汉高祖、汉武帝有《史记》《汉书》及汉人留下的一些著作；唐太宗有《贞观政要》《新唐书》《旧唐书》等；宋太祖有《宋史》《续资治通鉴长编》《续资治通鉴》等；王安石有《王安石全集》《宋史》《续资治通鉴长编》等；张居正有《张太岳集》《明史》《明实录》等；康熙皇帝有《康熙政要》《清史稿》《康熙起居注》《清实录》等，可作为参考。但说实话，这些资料仍然很不够，一句话，资料的缺乏与不足影响了本丛书认识与探索的空间，这也是美中不足、无何奈何的事情。

此外，史学作品要求一切根据资料讲话的特点，也决定了其风格只能是如绘画中的工笔或白描，而不能采用写意的手法，随意挥洒，这也影响了作品的表达形式。

本丛书是为人民大众服务的，首先，需要风格活泼、生动、有趣味，文字通俗、流畅、易懂、可读；其次，力求作品的学术性、严肃性与准确性。也许，只有在坚持学术性、严肃性与准确性的前提下，把学究式的文风变成人民大众喜闻乐见的文风，才能收到更广泛的社会效应。但我深知，很多地方还远远没有做到。"路漫漫其修远兮，吾将上下而求索。"大众学术一直是笔者努力的方向。

目前，中国正在进行伟大的变革，如何推进国家治理体系和治理能力现代化，这既是全面深化改革的热点，更是一个难点问题。在中国这样一个具有悠久历史和文化传统的国度里，我们必须遵循中华民族自身的发展规律，循序渐进地向前迈进。

习近平总书记指出："一个国家选择什么样的国家制度和国家治理体系，是由这个国家的历史文化、社会性质、经济发展水平决定的。"这提醒我们，中国的发展道路具有中国自身特色，实现中国国家治理现代化，离不开中国历史传承和文化传统，离不开中国经济社会发展水平，离不开中国人民自己的选择。

历史与文化是"民族的血脉，是人民的精神家园"，历史不能割断，实现中国国家治理现代化，需要中国"历史传承和文化传统"，源于"古"而成就于"今"，从中国古代的政治实践中汲取有益的营养，努力探寻传统文化的现代转化，为构建当今和谐社会提供借鉴，这是本丛书问世的目的所在。

希望这套小丛书能够多少帮助到对中国古代政治史感兴趣的人们！

作者 2020 年底于京城海淀

目　录

前　言　汉武帝的理想

在中华五千年的政治文明史上，功业显赫的帝王有十几位之多，汉武帝刘彻（公元前156－前87年）即是其中一位少有的颇具雄才大略的有为帝王。

一代伟人毛泽东，在其最雄伟词篇《沁园春·雪》中，直将汉武帝刘彻与千古一帝秦始皇并称。

清末民初文化名家夏曾佑在其所著《中国古代史》中说："有为汉一朝之皇帝者，高祖是也；有为中国二十四朝之皇帝者，秦皇、汉武是也。案中国之政，始于汉武者极多。"[1]

近现代史学名家钱穆在其所著《秦汉史》中说："汉兴七十年，恭俭无为之治，继承勿辍。至于武帝，而社会财富，日趋盈溢。又其功臣、外戚、同姓三系之纷争，亦至武帝时而止。中央政府统一之权威，于以确立。"[2]

---

[1]　杨琥编：《夏曾佑集》下，上海古籍出版社2011年版，第961页。
[2]　钱穆著：《秦汉史》，九州出版社2015年版，第75页。

　　确实，汉武帝是中国历史上为数不多的雄主之一。

　　继高帝、惠帝、吕后、文帝、景帝之后，汉武帝刘彻是汉帝国第六位最高统治者。他在位期间，没有选择做一位守成之主，而是选择了大展宏图、开拓进取，创建理想社会的为政之道。他在位的半个多世纪中，在开疆拓土方面，北击匈奴，经营西域，设郡辽东，统一两粤、西南夷等地，统一的地区超过了大秦帝国的版图。更重要的是，他在治国理政一些方面可谓开前人所未有。他用儒家学说作为国家意识形态的指导思想，在尊儒的同时，又博采百家之长，重视法治。他的"霸王道杂之"的统治方略，可谓是开创了后世统治者治术的百代之风。

　　汉武帝刘彻是汉景帝的次子。汉景帝先立长子刘荣为太子，后来刘荣因母亲栗姬失宠而被废，刘彻被立为太子。公元前141年，汉景帝死，他继承王位，将汉帝国的事业直接带上了鼎盛的时期。中国历史上在位时间最长的皇帝有三个人：第一位是清代的康熙皇帝，在位61年；其次是康熙皇帝的孙子乾隆皇帝，在位60年；第三位就是汉武帝了，一直做了54年皇帝。

　　汉武帝是于景帝后元三年（公元前141年）正月即皇帝位的。在即帝位9个月后，即武帝建元元年（公元前140年）十月（当时以十月为岁首），他就召开了举贤良对策会议，会上，汉武帝连下三道制书，讲明了自己治国理政所追求的理想社会蓝图，并要求参加会议的贤士大夫对现存问题以及国家治理充分进行讨论并提出相应采取的政策、措施、办法等。

元光元年（公元前 134 年）五月，汉武帝再一次召开举贤良对策会议，会议讨论的主题与前次完全相同。因此，要研究汉武帝的治国理政，探讨他在这两次会议上提出的治国理想蓝图及其实现的可能性，无疑显得十分必要。

建元元年（公元前 140 年）十月，武帝在举贤良对策会议的制书中，开宗明义指出：

> 朕获承至尊休德，传之亡穷，而施之罔极，任大而守重，是以夙夜不皇康宁，永惟万事之统，犹惧有阙。故广延四方之豪俊，郡国诸侯公选贤良修洁博习之士，欲闻大道之要，至论之极。今子大夫褒然为举首，朕甚嘉之。子大夫其精心致思，朕垂听而问焉。
>
> 盖闻五帝三王之道，改制作乐而天下洽和，百王同之。当虞氏之乐莫盛于《韶》，于周莫盛于《勺》。圣王已没，钟鼓管弦之声未衰，而大道微缺，陵夷至乎桀纣之行，王道大坏矣。夫五百年之间，守文之君，当涂之士，欲则先王之法以戴翼其世者甚众，然犹不能反，日以仆灭，至后王而后止，岂其所持操或悖谬而失其统与？固天降命不可复反，必推之于大衰而后息与？乌乎！凡所为屑屑，夙兴夜寐，务法上古者，又将无补与？三代受命，其符安在？灾异之变，何缘而起？性命之情，或夭或寿，或仁或鄙，习闻其号，未烛厥理。伊欲风流而令行，刑轻而奸改，百姓和乐，政事宣昭，何修何饬而膏露降，百谷登，德润四海，泽臻草木，三

光全，寒暑平，受天之祜，享鬼神之灵，德泽洋溢，施乎方外，延及群生？

子大夫明先圣之业，习俗化之变，终始之序，讲闻高谊之日久矣，其明以谕朕。科别其条，勿猥勿并，取之于术，慎其所出。乃其不正不直，不忠不极，枉于执事，书之不泄，兴于朕躬，毋悼后害。子大夫其尽心，靡有所隐，朕将亲览焉。①

上面汉武帝对诏贤良文学的谈话，充分反映了他治理国家希望达到的理想目标。

第一，从汉武帝的夙夜不敢闲暇安乐，深思万事之端绪，犹惧有缺点失误，并广招贤良之士讨论之言，说明这位充满自信的年轻皇帝对治国理政是非常重视而且认真的。他希望有所作为，而不是只做一个守成之主。

第二，上述武帝所提出的治国理政的理想蓝图，其内容主要集中在：

（1）以史为鉴，探讨与总结五帝三王治理国家之道。

（2）探求天人之道，寻找天命与政治之间的关联。

（3）改良政治，通过教化而使政令措施得到贯彻执行，刑罚轻而奸邪改，百姓和乐而政事宣明，使皇帝"德润四海，泽臻草木"，进而"德泽洋溢，施乎方外，延及群生"，最终

---

① （汉）班固撰，（唐）颜师古注：《汉书》卷56《董仲舒传第二十六》，中华书局1962年版，第2495—2498页。

达到"天下洽和"的理想治理境界。

第三，为了保证治理国家的成功，汉武帝要求贤良文学者知无不言，积极提出自己的意见。

这样的理想不可谓不宏大，这样的目标不可谓不具体，这样的虚心纳谏不可谓不圣明！

元光元年（公元前 134 年）五月，汉武帝又一次召开举贤良对策会议，会上再一次下诏申明他的治国理政所想要达到的理想境界，他说：

> "朕闻昔在唐虞，画象而民不犯，日月所烛，莫不率俾。周之成康，刑错不用，德及鸟兽，教通四海。海外肃慎，北发渠搜，氐羌徕服。星辰不孛，日月不蚀，山陵不崩，川谷不塞；麟凤在郊薮，河洛出图书。呜乎，何旋百臻此与！今朕获奉宗庙，夙兴以求，夜寐以思，若涉渊水，未知所济。猗与伟与！何行而可以章先帝之洪业休德，上参尧舜，下配三王！朕之不敏，不能远德，此子大夫之所睹闻也。贤良明于古今王事之体，受策察问，咸以书对，著之于篇，朕亲览焉。"①

这封诏书下发的历史背景虽与上次召开举贤良对策会议时所下制书有所不同，但诏书依然强调他要以传说的唐尧虞舜及西周历史上的成康时代的成功治理作为自己治国理政的

---

① （汉）班固撰，（唐）颜师古注：《汉书》卷 6《武帝纪第六》，中华书局 1962 年版，第 160—161 页。

榜样，要把国家治理成"德及鸟兽，教通四海""星辰不孛（彗星不现），日月不蚀，山陵不崩，川谷不塞"的太平盛世境界。

对于汉武帝提出的上述两份治国理想蓝图，大致可以作如下几点理解与解读：

第一，汉武帝的治理理想反映了大汉帝国中期统治者在治国理政上面的阔大涵远气象与对自己的事业、对国家前途充满着无比的自信和美好的憧憬。

第二，这个理想是汉武帝对他所处的时代与历史使命的思考、认识、把握与担当。其治理蓝图中的绝大部分构想通过努力是完全可以实现的，这是汉武帝成就自己治理事业的思想基础。

第三，这个理想蓝图中也有一部分他根本无法实现，如他要求"星辰不孛（彗星不出现），日月不蚀"等客观现象无法办到；就是汉武帝要匈奴彻底臣服汉帝国的理想到他死时也没有完全办到。毕竟，政治不是过家家，很多事情往往总是受到各方面主客观条件的限制与约束，不是拥有激情、理想、热血，靠跃进在短时间内就能办到的，这也是汉武帝晚年在治政上失误的一个重要思想来源。

纵观汉初70年历史的变化与发展，大致呈现了这样四种社会要求。

一是人心思定、社会经济恢复发展的要求。

二是政治与社会思想文化恢复发展的要求。

三是皇权巩固与中央集权的要求。

四是国力强大后应该怎样发展的要求。

汉武帝就是在这四个历史要求发展过程中孕育出来的伟大历史人物，能不能解决历史所积淀下来的一系列问题，能不能把大汉帝国进一步推向一个新的发展高峰，能不能在前人的基础上继续提高综合国力，实现国家的富强、民族的繁荣，这是历史赋予他的一项极其艰巨的任务。汉武帝所要达到的治国理想境界，正是在解决这些问题的过程中逐步实现的。

经过汉初 70 年的恢复与发展，到汉武帝时代，形势已经发生了巨大变化，新情况、新问题、新要求都要求汉武帝作出令人满意的解答。这些问题主要集中在：

第一，国家意识形态的重建问题。汉初以黄老"无为而治"思想为指导，这是当时历史条件和社会背景下的选择。随着历史背景与环境条件的变化，国家的指导思想也需要进行相应的调整。汉初人们对"无为而治"的理解，有的仅仅认为是"柔身以寺（恃）之时"①，就是说当作术，当作统治方法来理解的，是权宜之计，而不是万世之策。汉初对诸侯王、对匈奴采取妥协、退让政策，是因为国家政治还不够完善，综合国力还没有基础，朝廷还没有力量解决这些问题，不能不如此罢了。经过汉初近 70 年的休养生息，情况已经发生了根本性的变化。汉帝国经济发展，国富民强，民众既

---

① 陈鼓应注译：《皇帝四经今注今译》，中华书局 2016 年版第 1 版，第 359 页。

"庶"又"富"，在更高阶段上进行政治建设、文化建设，"重建自信""扬我国威"的条件已经逐渐成熟。在这种情况下，对秦统一中国后的治国之道全面进行反思与总结的时机已经成熟，重建意识形态、保证国家长治久安已经是箭在弦上、不得不发。

第二，文化复兴与国家的文化、学术思想政策调整问题。秦始皇三十四年（公元前213年）下达焚书令、挟（藏）书律。此后，项羽又火烧秦宫，秦宫中的藏书因此而全部付之一炬，先秦以来的文化成果遭到了毁灭性的破坏，汉初社会处于文化沙漠的境地，迫切需要开放书禁，重点进行文化建设。

第三，汉初恢复、发展经济的过程中所出现的新的社会问题。汉初社会残破、经济凋敝，需要"扫除苛烦，与民休息"。这也就是说，汉初的"无为而治"是以民众的愿望、利益为其出发点和归宿的。在这一思想指导下，汉初废除了秦代一系列的苛法严政，采取了轻徭、薄赋、省刑等针对实际情况的政策措施，促进农业的恢复、发展；同时，又采取措施发展工商业。《史记·货殖列传》说："汉兴，海内为一，开关梁，弛山泽之禁，是以富商大贾周流天下，交易之物莫不通，得其所欲。"① 总之汉初在"无为"思想指导下经济上取得的成就是巨大的。然而随着社会经济的发展和繁荣景象

---

① （汉）司马迁撰：《史记》卷129《货殖列传第六十九》，中华书局1982年版，第3261页。

的出现，也出现了一系列新的社会问题。这主要表现在：

（1）随着经济发展，贫富分化加大，出现了兼并土地并对劳动者"擅行威罚"的豪强地主。

（2）商人太富，影响了国家的重本轻末政策的落实。

（3）诸侯王地方势力对中央集权的威胁。

（4）部分农民在自然灾害打击下和地主、商人的兼并下，生活困苦，日益陷入破产。

（5）新的政治利益集团的出现。

（6）相权过大，皇权与相权矛盾逐渐暴露出来，等等。

第四，解决汉与匈奴长期不正常关系的时机已经逐渐成熟。[①]

总之，经过汉初近70年的发展，汉武帝即位后汉帝国所面临的内外环境条件都已经发生了很大变化，不仅经济上出现了大好形势，政治上平定吴楚七国之乱后，威胁汉中央政权诸侯王的势力遭到了重大打击，反击匈奴的条件也日益成熟。在这种情况下，汉武帝应怎样治理国家？他能否担负起上述种种历史赋予的使命？条件的变化与社会、政治需要转型在考验着这位充满自信的年轻君王。

---

① 参见杨生民著：《汉武帝传》，人民出版社2001年版，第16—23页。

第一章　罢黜百家　表彰六经

汉武帝经过几十年的努力，为汉帝国找到了较之黄老之学更为适用与长久的政治理论学说。他看到，儒学的尊君、礼制等级和忠孝思想有助于维护君主的权威，儒家的德治教化也有利于巩固王朝的统治。对于统治者而言，严密控制人的思想意志与约束人的行为同等重要。儒家的德治仁政学说能为君主政治进行某种修饰和补充，特别是儒家的各种仪制典章，可以将专制主义暴力统治装点得宽厚慈惠。因而，汉武帝之崇儒，并非以儒家政治学说作为其全部政策的出发点，而是注重儒术"文饰"的政治功能。作为一位传统政治家，他不会拒绝采用任何一种有利于巩固国家政权的政治理论和思想。只要有益于君主政治、有利于巩固统治，什么样的思想、什么样的主张都会被汉武帝所采用，这是政治家与学者的根本区别之所在。不过，经过汉武帝的擢升，儒学终于有了官方身份，走上了与国家治理相结合的道路，这本来也是儒家创始人孔子矻矻孜孜所求的梦想。

一、儒生变通与汉初儒学的曙光

　　战国后期，儒学因为迂阔而不切实用，长期无人问津，尽管荀子集儒家之大成，且援引法家、阴阳家诸派入儒，但乱世时代，统治者多重视道家、兵家、法家之术，儒学因为迂阔不能救世而不能成为庙堂之学。秦统一后，秦始皇虽然兼容儒家，但为统一思想文化而有"焚书坑儒"及"偶语""挟书"之禁，儒学处境艰难。不过，终秦一代，儒学并未断绝，它仍在秦政权中占有一席之地，在自己的故乡齐鲁之地也仍然是弦歌不断。正如司马迁在《史记·儒林列传》中所言："天下并争于战国，儒术既绌焉，然齐鲁之间，学者独不废也。""及高皇帝诛项籍，举兵围鲁，鲁中诸儒尚讲诵习礼乐，弦歌之间不绝，岂非圣人之遗化，好礼乐之国哉？""夫齐鲁之间于文学，自古以来，其天性也。"①

　　秦末反秦运动及楚汉战争时期，儒生面对的刘邦集团是一群出身草莽的特殊的群体。史载刘邦是亭长出身，地位卑微，"好酒及色"，但他性情豁达大度，善于结交人，知道要想成就一番事业，应该礼贤下士，故而每到一地，"时时问邑中贤士豪俊"②，他来自平民，当然懂得民生的艰难，善于

---

　　①　（汉）司马迁撰：《史记》卷121《儒林列传第六十一》，中华书局1982年版，第3116—3117页。

　　②　（汉）司马迁撰：《史记》卷97《郦生陆贾列传》，中华书局1982年版，第2692页。

听取不同意见，善于审时度势。招降纳顺、赏善惩恶的本领也十分出色。他的手下也大都是出身卑微的人物，除了张良是韩国贵族的后裔外，其他核心人物如陈平是游士，大将樊哙是个屠夫，周勃是吹鼓手，灌婴是个卖布贩子，娄敬是车夫，韩信是渔民，彭越是强盗。但不管这些人出身如何，地位怎样，刘邦都能充分发挥他们的特长。这样，限于自身文化素质和战争形势需要，刘邦喜欢的是攻城略地的战将，对于儒生是不喜欢的，甚至溲溺儒冠，以示轻侮。而且，当时"尚有干戈，平定四海，亦未暇遑庠序之事"①。儒生们面对这种情况，也知道刘邦的性格特点，但依然追随刘邦，为之效力，如班固在《汉书·郦陆朱刘叔孙传》中赞曰："高祖以征伐定天下，而缙绅之徒骋其知辩，并成大业。语曰'廊庙之材非一木之枝，帝王之功非一士之略'，信哉！"②

郦食其，陈留高阳人。好读书，但家贫落魄，无衣食之业，秦时为里监门吏。楚汉之际往投汉王刘邦，为刘往来游说诸侯，曾经说服陈留郡及齐七十余城归降刘邦。后为齐王田广所杀。郦食其初见刘邦，身着儒服，自称"郦生"，刘邦使人召食其，食其入谒，沛公正让两个女子给他洗脚，郦食

---

① （汉）司马迁撰：《史记》卷121《儒林列传第六十一》，中华书局1982年版，第3117页。

② （汉）班固撰，（唐）颜师古注：《汉书》卷43《郦陆朱刘叔孙传第十三》，中华书局1962年版，第2131页。

其进来后竟长揖不拜，对刘邦说："足下欲助秦攻诸侯乎？欲率诸侯破秦乎？"刘邦见郦食其，骂他"竖儒"，又说："夫天下同苦秦久矣，故诸侯相率攻秦，何谓助秦？"食其曰："必欲聚徒合义兵诛无道秦，不宜踞见长者。"①于是沛公辍洗，起衣。这样，郦食其就对刘邦讲述六国纵横时事，刘邦很高兴，延他入上座，敬谢赐食。郦食其在获得了刘邦的接纳之后，也没有不识时务地大讲什么仁义德治，而是指出如何用兵，提出了进军关中的正确路线和用兵方略，并亲自前往陈留向秦朝守将晓以利害，劝说守城将士投降刘邦，并亲手刺杀了陈留令，为刘邦进军关中立下首功；在楚汉战争中，更为刘邦奔走诸侯之间，在外交上作出了功绩。

叔孙通，鲁国薛人，秦王朝时已经是待诏博士。叔孙通和孔鲋世居鲁地，有礼乐六艺的完整典制的继承，有邹鲁汶泗的正统渊源，但叔孙通的事业经历，又兼有孔荀因时权变、君子不器的特点。叔孙通在秦时为待诏博士，显然他既没有因为秦始皇焚《诗》《书》而隐身不仕，也没有受到坑术士的冲击。当陈胜揭竿而起反秦时，秦二世召博士咨询将如何处理，众博士都说陈胜将反或者为盗，必须发兵征讨，胡亥不高兴，于是叔孙通说："诸生言皆非也。夫天下合为一家，毁郡县城，铄其兵，示天下弗复用。且明主在其上，法令具

---

① （汉）班固撰，（唐）颜师古注：《汉书》卷43《郦陆朱刘叔孙传第十三》，中华书局1962年版，第2106页。

于下，使人人奉职，四方辐辏，安敢有反者！此特群盗鼠窃狗盗耳，何足置之齿牙间。郡守尉今捕论，何足忧。"胡亥听了很高兴，奖励叔孙通"帛二十匹，衣一袭，拜为博士"。同时下令"御史案诸生言反者下吏，非所宜言。诸言盗者皆罢之"①。出来以后，一些人纷纷责备叔孙通"谀"，叔孙通则回答说刚刚脱离虎口，于是连夜逃亡，先投怀王，再投项王，最后降汉。这里，我们不能简单地评价叔孙通是一个没有气节的人，在战乱时代，知识分子获得了相对独立的地位，不存在和某个政治军事集团的依附关系，所以叔孙通最后降汉，实在是善于审时度势的明智之举。刘邦文化程度不高，看不惯儒生的装束。于是叔孙通改穿楚地的短服，在那些顽固的儒生中，有一个人能够采取这样的姿态，自然博得了刘邦的赏识。据《史记·叔孙通列传》记载，叔孙通降汉时跟随的儒生有一百多位，可见叔孙通在当时的儒家学者中颇有声望和势力，在这种情况下还曲节投靠，不是非常之人是难以做到的。但是，几年当中，叔孙通向刘邦举荐的人都是一些原来当过强盗、壮士的人，儒家弟子一个也不举荐。于是儒生埋怨叔孙通不举荐他们。叔孙通解释说："汉王方蒙矢石争天下，诸生宁能斗乎？故先言斩将搴旗之士。诸生且待我，我不忘矣。"叔孙通的这席话，并非信口胡说，而是"心

---

① （汉）司马迁撰：《史记》卷99《刘敬叔孙通列传第三十九》，中华书局1982年版，第2720—2721页。

有所定，计有所守"的表现。由于他举荐的人多次立功，刘邦欢喜，拜叔孙通为博士，号稷嗣君。汉五年（公元前202年），刘邦已统一天下。叔孙通拿出秦朝朝仪、官制给新皇帝应用。刘邦认为过于复杂，指示一切从简。然战后群臣在朝廷之上饮酒争功，拔剑击柱，刘邦又觉得这样太没有规矩。善于察言观色的叔孙通不失时机地郑重向刘邦提出："夫儒者难与进取，可与守成。"他表示愿意去征召鲁地的儒生们，与弟子们共同制定朝仪。然后又讲了一番礼乐文化的大道理，"五帝异乐，三王不同礼。礼者，因时世人情为之节文者也。故夏、殷、周之礼所因损益可知者，谓不相复也"，表示"臣愿颇采古礼与秦仪杂就之"，高祖说："可试为之，令易知，度吾所能行为之。"

叔孙通的朝仪草成以后，先在野外搭棚演习了一个多月，然后请刘邦参观演习。刘邦看了很满意，说道："吾能为此。"于是他命令群臣都学习这个新朝仪。易知易行的朝仪制度在汉七年（公元前200年）阴历十月于长乐宫正式实行。气氛肃敬庄重，群臣按尊卑秩序喝酒，叩拜皇帝，没有敢失礼者。朝仪结束，高祖喜道："吾乃今日知为皇帝之贵也。"尝到皇帝滋味的刘邦拜叔孙通为太常，赐金五百斤。叔孙通乘机进言：诸儒生跟随臣很久了，朝仪是他们共同商议制定的，也应该封官。于是刘邦将这一百多名儒生全部封为郎官。"九年，高帝徙叔孙通为太子太傅"①，这表明刘邦将培养汉室接班人的重任交给了儒者。汉十二年（公元前195年），汉高祖"过鲁，以大牢祠孔子"②，显然与叔孙通等人对他的影响有着一定的关系。

司马迁曾经这样评价叔孙通："叔孙通希世度务制礼，进退与时变化，卒为汉家儒宗。'大直若屈，道固委蛇'，盖谓是乎？"③然而，对于叔孙通在汉初的兴礼乐举措，当时也有相当一部分儒者持反对态度，认为"天下初定，死者未葬，伤者未起，又欲起礼乐。礼乐所由起，百年积德而后可兴也"④。这说明在儒学复兴过程中，儒生群体内部是有分歧的，这集中地反映在如何实践儒家"权变"的问题上。后世也有贬低叔孙通的，如北宋司马光就说："惜夫，叔孙生之为器小也！徒窃礼之糠秕，以依世、谐俗、取宠而已，遂使先王之礼沦没而不振，以迄于今，岂不痛甚矣哉！"⑤

不过，汉初儒者的"权变"虽然让有些人觉得有损儒者的

① （汉）班固撰，（唐）颜师古注：《汉书》卷43《郦陆朱刘叔孙传第十三》，中华书局1962年版，第2125—2129页。

② （汉）班固撰，（唐）颜师古注：《汉书》卷1下《高帝纪第一下》，中华书局1962年版，第76页。

③ （汉）司马迁撰：《史记》卷99《刘敬叔孙通列传第三十九》，中华书局1982年版，第2726页。

④ （汉）班固撰，（唐）颜师古注：《汉书》卷43《郦陆朱刘叔孙传第十三》，中华书局1962年版，第2127页。

⑤ （宋）司马光编著，（元）胡三省音注：《资治通鉴》卷11《汉纪三》，标点资治通鉴小组点校，中华书局1956年第1版，第376页。

人格和理想，但同时也使儒家学说真正具有了实践的品格，从此走上实行之路，其对汉代国家政治文化整合的历史性贡献是应该得到客观评价的。

善于审时度势的叔孙通，随着时局的变化而不断改变自己的行为方式，但没有改的是儒家"修齐治平"的信念和参与治理国家的决心。他的思想和行为务实而踏实，不唱高调，制定朝仪易知易行，因此得到了汉高祖的青睐和信任。叔孙通与时俱进的行为，使得儒家知识分子陆续进入权力机构，为儒家走向政治舞台的核心，参与国家事务，奠定了坚实的基础。[①]

尽管刘邦在位7年就离开了人世，尽管在这7年中尚未立稳脚跟的新兴汉政权的当务之急是要一一剪除所封的异姓王，即"尚有干戈，平定四海，亦未暇遑庠序之事"[②]，尽管刘邦对儒学的青睐还仅仅是个开始，但从历史发展来看，刘邦及其继任者对儒学的态度确实在发生着实质性的变化。历史表明，汉高祖统一天下后，朝廷废止了秦代对私学的禁令。惠帝四年（公元前191年），朝廷又明确宣布取消"挟书律"。"挟书律"是秦始皇焚书时实行的一项法令，即除允许官府有关部门可以藏书外，一律禁止民间私自藏书。汉初，政治法律制度大体承袭秦王朝，"挟书律"也不例外。惠帝时

---

① 参见韩星著：《儒法整合：秦汉政治文化论》，中国社会科学出版社2005年版，第126—130页。

② （汉）司马迁撰：《史记》卷121《儒林列传》，中华书局1982年版。

期，朝廷废除了这一法令，使得长期受到压制的儒家思想和其他各种思想流派开始活跃起来，这也为汉武帝最终确定儒家思想为国家的意识形态提供了前提条件。虽然刘邦之后的文景时代直至武帝之前的几十年，汉朝奉行的主导思想是黄老道家，但这并不意味着儒学在汉初销声匿迹，而是在蓄势待发。到武帝时，儒学最终获得了独尊的地位。追根溯源，应该说是刘邦对儒学态度的转变奠定了这一政策的基本走向。①

二、汉武帝对儒家思想的重视

建元元年（公元前 140 年），汉武帝刘彻即位时，年仅17 岁。

汉武帝虽然年少，但却胆识兼备，雄才大略，一心想要振兴朝纲，加强中央集权，巩固汉家天下。经过比较，他认为儒家思想比黄老思想更适于他的统治需要，因此即位伊始，就连续采取了三项重大措施：

（1）启用儒生。汉武帝即位的当年，即建元元年（公元前 140 年）冬十月，"诏丞相、御史、列侯、中二千石、二千

① 参见关键英著：《先秦秦汉德治法治关系思想研究》，人民出版社2011年版，第 159 页。

石、诸侯相举贤良方正直言极谏之士"①。这些"方正直言极谏之士"主要是儒生。

（2）任用重视儒术的窦婴为丞相、田蚡作太尉，主持政府的要害部门。

（3）派人"束帛加璧，安车以蒲裹轮，驾驷迎申公"②入朝。申公是《诗》学大师，又是御史大夫赵绾、郎中令王臧的老师，名重当时。武帝迎取申公，欲议古立明堂城南，以朝诸侯，以及草拟巡狩、封禅、改历、服色等改革事项。

然而，汉武帝的"更始"措施引起了朝中黄老派的严重不满。

建元二年（公元前139年），御史大夫赵绾建议汉武帝凡军国大事"毋奏事太皇太后"③，出面要求武帝不再向窦太后奏事，欲把窦太后排除在朝政之外，终于引发了汉武帝和窦太后之间的矛盾。窦太后大怒，逮捕了赵绾、王臧，令他们自裁。窦婴、田蚡免职。在以窦太后为代表的黄老派强力反击下，汉武帝只得暂时作出让步，将申公送回家乡，诸所兴为者皆废。

---

① （汉）班固撰，（唐）颜师古注：《汉书》卷43《武帝纪第六》，中华书局1962年版，第155—156页。

② （汉）班固撰，（唐）颜师古注：《汉书》卷88《儒林传第五十八》，中华书局1962年版，第3608页。

③ （汉）班固撰，（唐）颜师古注：《汉书》卷6《武帝纪第六》，中华书局1962年版，第157页。

但是，在挫折面前，汉武帝并没有打消"崇儒"的信念。

建元元年（公元前140年）十月，汉武帝诏举贤良方正直言极谏之士时，丞相卫绾建议："所举贤良，或治申、商、韩非、苏秦、张仪之言，乱国政，请皆罢。"④这个建议深合汉武帝之意，从此成为朝廷选用人才的重要政策。窦太后去世后，汉武帝即开始"绌黄老刑名百家之言"，广泛招揽儒学之士，"延文学儒者以百数"⑤，封以官职。《汉书·儒林传》详细记载了这种变化的原因和过程：

> 汉兴，言《易》自淄川田生；言《书》自济南伏生；言《诗》，于鲁则申培公，于齐则辕固生，燕则韩太傅；言《礼》，则鲁高堂生；言《春秋》，于齐则胡毋生，于赵则董仲舒。及窦太后崩，武安君田蚡为丞相，黜黄老、刑名百家之言，延文学儒者以百数，而公孙弘以治《春秋》为丞相封侯，天下学士靡然乡风矣。
>
> 弘为学官，悼道之郁滞，乃请曰："丞相、御史言：制曰'盖闻导民以礼，风之以乐。婚姻者，居室之大伦也。今礼废乐崩，朕甚愍焉，故详延天下方闻之士，咸登诸朝。其令礼官劝学，讲议洽闻，举遗兴礼，以为天下先。太常议，予博士弟子，崇乡里之化，以厉贤材焉。'谨与太常臧、博士

---

④（汉）班固撰，（唐）颜师古注：《汉书》卷6《武帝纪第六》，中华书局1962年版，第156页。

⑤（汉）班固撰，（唐）颜师古注：《汉书》卷88《儒林传第五十八》，中华书局1962年版，第3593页。

平等议，曰：闻三代之道，乡里有教，夏曰校，殷曰庠，周曰序。其劝善也，显之朝廷；其惩恶也，加之刑罚。故教化之行也，建首善自京师始，由内及外。今陛下昭至德，开大明，配天地，本人伦，劝学兴礼，崇化厉贤，以风四方，太平之原也。古者政教未洽，不备其礼，请因旧官而兴焉。为博士官置弟子五十人，复其身。太常择民年十八以上仪状端正者，补博士弟子。郡国县官有好文学、敬长上、肃政教、顺乡里、出入不悖，所闻，令、相、长、丞上属所二千石。二千石谨察可者，常与计偕，诣太常，得受业如弟子。一岁皆辄课，能通一艺以上，补文学掌故缺；其高第可以为郎中，太常籍奏。即有秀才异等，辄以名闻。其不事学若下材，及不能通一艺，辄罢之，而请诸能称者。臣谨案诏书律令下者，明天人分际，通古今之谊，文章尔雅，训辞深厚，恩施甚美。小吏浅闻，弗能究宣，亡以明布谕下。以治礼掌故以文学礼义为官，迁留滞。请选择其秩比二百石以上及吏百石通一艺以上补左右内史、大行卒史，比百石以下补郡太守卒史，皆各二人，边郡一人。先用诵多者，不足，择掌故以补中二千石属，文学掌故补郡属，备员。请著功令。它如律令。"

制曰："可。"自此以来，公卿大夫士吏彬彬多文学之士矣。①

最为引起朝野震动的是，汉武帝将布衣出身治《春秋》

---

① （汉）班固撰，（唐）颜师古注：《汉书》卷88《儒林传第五十八》，中华书局1962年版，第3593—3596页。

的公孙弘拜为丞相，封平津侯，食 650 户。这件事使儒学的政治地位急剧提高，学习儒术成为士人们寻求政治出路、谋取利益的最热途径，致使"天下之学士靡然乡风矣"。汉武帝就是通过大量征用儒学之士的手段，在政治上促成了崇儒局面的出现。

为了实现政治指导思想的转换，汉武帝还多次下诏策问"治乱之事"。他曾满怀希望询问申公。申公说："为治者不在多言，顾力行何如耳。"[1] 这显然不符合汉武帝的要求，汉武帝很失望。后来，公羊学大师董仲舒解决了这个疑难问题，他在对策中提出："治乱废兴在于己。"[2]"《春秋》大一统者，天地之常经，古今之通谊也。今师异道，人异论，百家殊方，指意不同，是以上亡以持一统；法制数变，下不知所守。臣愚以为诸不在六艺之科、孔子之术者，皆绝其道，勿使并进。邪辟之说灭息，然后统纪可一，而法度可明，民知所从矣。"[3] 在董仲舒看来，思想混乱必然导致动乱，百家"邪辟之说"不利于汉家一统天下的稳固，必须断绝其政治出路，"勿使并进"。唯有儒学讲求"大一统"，宜定为一尊。

---

① （汉）班固撰，（唐）颜师古注：《汉书》卷 88《儒林传第五十八》，中华书局 1962 年版，第 3608 页。

② （汉）班固撰，（唐）颜师古注：《汉书》卷 56《董仲舒传第二十六》，中华书局 1962 年版，第 2500、2523 页。

③ （汉）班固撰，（唐）颜师古注：《汉书》卷 56《董仲舒传第二十六》，中华书局 1962 年版，第 2523 页。

汉武帝采纳了这个建议。建元五年（公元前136年），"置五经博士"，儒学代替黄老之学正式成为官方政治学说，儒学典籍成了国家教科书。汉武帝终于举起了独崇儒术的旗帜，初步实现了汉帝国意识形态的顺利转换。

三、表彰《六经》与尊崇儒术

建元五年（公元前136年），汉武帝置《诗》《书》《礼》《易》《春秋》五经博士。

建元六年（公元前135年），窦太后病卒，汉武帝崇儒的最大障碍去掉，他大批征召儒生，并采纳董仲舒的建议，确立了"罢黜百家，独尊儒术"的政策，使儒学居于独尊的地位，成为此后汉代以至两千年中国传统社会的正统思想。

翌年初，汉武帝又令郡、国荐举孝、廉各一人。

元朔五年（公元前124年），汉武帝在长安城外建立太学，为五经博士配置弟子，建立博士弟子员制度。

元封元年（公元前110年），汉武帝"封泰山"。

元封五年（公元前106年），汉武帝"始拜明堂如郊礼"①。

太初元年（公元前104年），汉武帝修正历法，"以正月

---

① （汉）班固撰，（唐）颜师古注：《汉书》卷25下《郊祀志第五下》，中华书局1962年版，第1243。

为岁首。色上黄，数用五，定官名，协音律。"①，终于实现了当年立明堂封禅改历服色的初衷。

自从武帝采纳董仲舒"罢黜百家，独尊儒术"之意见，用政治手段结束了"师异道，人异论，百家之言宗旨各不相同"的文化混乱局面后，汉帝国实现了思想的大一统。

中国人的精神世界是以儒学为主旨构筑的，而"大一统"思想就是其核心之一。先秦以来逐步形成和发展的"大一统"思想是中华民族崇尚国家统一、民族团结、社会安定的先进社会思想，它在很大程度上支配着中国人对中国历史文化和国家前途的思维模式，也是历代统治者治理国家、解决天下问题的崇高政治理想。汉武帝明确提出以儒治天下，儒家学说从此逐步发展成为中国两千年传统社会主导性的统治思想，民间意识被统一到儒学上来，儒学成为社会伦理的不二标准，成为人们日常生活的自觉意识和行为准则。"大一统"思想，便浸润而成为中华民族文化血脉中最澎湃的脉动。这不仅深刻影响了几千年来中国人对国家命运的思考，也有效地巩固了中国地大物博多民族国家的统一与发展。②

汉武帝经过几十年的努力，为汉帝国找到较之黄老之学更为适用与长久的政治理论。他看到，儒学的尊君、礼制等

---

① （汉）班固撰，（唐）颜师古注：《汉书》卷6《武帝纪第六》，中华书局1962年版，第199页。

② 参见于之伟、李鹏主编，张丽君著：《帝国的归宿》（两汉卷），中国华侨出版社2018年版，第56页。

级和忠孝思想有助于维护君主的权威，儒家的德治教化也有利于巩固自己的统治。对于统治者而言，严密控制人的思想意志与约束人的行为同等重要。儒家的德治仁政学说能为君主政治进行某种修饰和补充，特别是儒家的各种仪制典章，可以将专制主义暴力统治装点得温情脉脉。因而，汉武帝之崇儒，并非以儒家政治学说作为其全部政策的出发点，而是注重儒术"文饰"的政治功能。司马光就看到了这一点，他说，汉武帝"虽好儒，好其名而不知其实，慕其华而废其质"[①]。不过，经过汉武帝的擢升，儒学终于有了官方身份，走上了与国家治理相结合的道路，这本来就是儒家创始人孔子的梦想。以后经过历代君主的一再确认，儒学始终占据国家政治指导思想的宝座，成为中国传统政治思想的主流，对于中国传统社会的政治、经济、文化与国民心理等方面的发展与变化均产生了极其深远的影响。

不过，我们必须看到，汉武帝通过"独尊儒术"，表彰《六经》，尊崇儒学，实现了思想文化的统一和政治指导思想的转换与定型。然而，这并不说明他就一味笃奉儒学。作为一个拥有无限权力的独裁者和传统政治家，他不会拒绝采用任何一种有利于巩固国家政权的政治理论和思想，只要有益于君主政治，有利于巩固统治，什么样的思想、什么样的

---

① （宋）司马光著：《司马温公集编年笺注》卷73《史赞·评议》，李之亮笺注，巴蜀书社 2009 年第 1 版，第 381 页。

主张都会被汉武帝所采用，这是政治家与学者的根本区别所在。再者，汉初诸子之学有别于秦，亦不同于汉中期以后，各个流派之间的交融合流成为时尚。许多著名思想家和政治家都是杂学之士，如陆贾兼学儒道，贾谊兼及儒法，董仲舒以阴阳五行融入公羊《春秋》，主父偃"学长短纵横之术，晚乃学《易》、《春秋》、百家言"①。公孙弘"少时为狱吏"，"年四十余，乃学《春秋》杂说"②。汉武帝在这样的学风熏陶下，自然不会固守一说。他明倡儒学，实际兼采百家，杂用王霸之术。

总之，"海纳百川，有容乃大。"作为一个雄才大略的政治家，汉武帝在实际统治中必然会采取博采众长为我所用的实用态度，这也是他能将西汉王朝推向盛世高潮的原因所在。汉武帝尊儒术是不争的事实，但这并不等于说汉武帝在治理国家过程中就独尊儒术。在现实政治中，汉武帝推行的是尊儒术、重法制、兼用各家学说的统治政策，从未独尊儒术，也未纯任儒生。尽管如此，武帝置五经博士、尊儒术等举措，为儒学兴盛和儒生势力的日渐发展铺平了道路。

---

① （汉）司马迁撰：《史记》卷112《平津侯主父列传第五十二》，中华书局1982年版，第2953页。

② （汉）班固撰，（唐）颜师古注：《汉书》卷58《公孙弘卜式兒宽传第二十八》，中华书局1962年版，第2613页。

第二章 增订法律 重视法治

汉武帝在政治上十分精明，他深谙法治对于巩固统治的重要性。在他统治期间，增订法律，重用酷吏，进一步加大对臣民的控制力度，实现了"重法治"与"尊儒术"的有机结合，开创了治国理政的新模式。他创始的"外儒内法"杂用王霸政治之道，拓展了后世政治家的治理思路，成为历代君主政治得心应手的利器。

一、重视法治

　　学界早已经形成定论，重视儒学只是汉武帝治国理政过程中的一个重要方面，兼用各家才是他真实的统治策略。尤其是重用酷吏，采用严刑峻法，是他加强统治的重要措施，这是不争的事实。

　　关于汉武帝的统治策略，长期以来学界争论不休。

　　有人认为汉武帝是外儒内法，有的则说汉武帝是儒法兼用，甚至有人说汉武帝时期"申、商、韩非之言，倒成了政治的指导思想"①，观点虽然不同，但只要不是纸上谈兵的学术，都一定会承认汉武帝重视法治这一基本事实。因为事实很清楚，"独尊儒术"只是意识形态，是为了统一人们的思想需要，但国家治理则是包罗万象，环节众多，非常复杂困难。在国家治理与政治实践层面，意识形态的建设固然重要，但制度建设与法制建设实际上同样需要加强。汉宣帝曾说："汉家自有制度，本以霸王道杂之，奈何纯任德教，用周政乎！且俗儒不达时宜，好是古非今，使人眩于名实，不知所守，何足委任！"②实际上，汉武帝就是"霸王道杂之"的开创者和实践者，他尊儒而重法，任用儒法兼用的公孙弘和从

---

① 金春峰著：《汉代思想史》，中国社会科学出版社 1987 年版，第 19 页。
② （汉）班固撰，（唐）颜师古注：《汉书》卷 9《元帝纪第九》，中华书局 1962 年版，第 277 页。

狱吏中提拔起来的张汤、杜周等执法大臣，用严刑峻法打击诸侯王叛乱、打击不法豪强、商人，应付民间动荡，等等。因此，法治是汉武帝治国的重要办法和理念。可以定论，重视法治是汉武帝治国理政经验中不可忽视的一个重要组成部分。

周代重德治，对旧贵族的利益和特权是很维护的，所以《礼记·曲礼上》说："礼不下庶人，刑不上大夫。"[①]周代的礼，实际上起着法律制度的作用。但到春秋战国时期，天下大乱，周代原来的礼乐等级秩序与社会阶层秩序遭到严重的破坏。在这样的情况下，代表新生阶级利益的法家学派提出了法治主张。先秦法家的法治思想有两个显著特点：一是法家"正君臣上下之分""不别亲疏，不殊贵贱，一断于法"[②]。二是公正执法，"刑过不避大臣，赏善不遗匹夫"[③]。要求"言无二贵，法不两适。故言行而不轨于法令者，必禁"[④]。这就要求以法治国，要求在法律面前人人平等。

汉代重法治是有传统的。

①　（明）王夫之著：《礼记章句》卷1《曲礼上》，杨坚总修订，岳麓书社2011年第2版，第70页。

②　（汉）司马迁撰：《史记》卷130《太史公自序第七十》，中华书局1982年版，第3289页。

③　（清）王先慎撰：《韩非子集解》卷2《有度第六》，钟哲点校，中华书局1998年第1版，第38页。

④　（清）王先慎撰：《韩非子集解》卷17《问辩第第四十一》，钟哲点校，中华书局1998年第1版，第394页。

一方面，汉代思想家在尊崇儒学的同时，并不否认法家的作用。贾谊就说："夫礼者禁于将然之前，而法者禁于已然之后。"① 就是说礼义教化是在事前规范人行为的准则，法律制度是在人犯罪后进行惩罚的规章，二者相辅相成。董仲舒说："刑者德之辅，阴者阳之助。"② 他是主张"德主刑辅"、二者兼用的。这些论断说明礼、德与法、刑是可同时并用的。这对汉武帝法治思想的形成无疑是起了作用的。

另一方面，汉初诸帝事实上也大都重视法治。汉高帝自不必说，就是汉文帝也"本好刑名之言"③。所以，他一方面以无为而治为指导，约法省禁；另一方面又依法办事、严肃执法。如一次有人惊了文帝驾舆，文帝要处重刑，还是廷尉张释之说："法者，天子所与天下公共也。今法如是，更重之，是法不信于民也，且方其时，上使使诛之则已。今已下廷尉，廷尉，天下之平也，壹倾，天下用法皆为之轻重，民安错其手足？唯陛下察之。"文帝深思"良久"说："廷尉当是也。"④ 这里所说的"法者天子所与天下公共"，就是说法

---

① （汉）班固撰，（唐）颜师古注：《汉书》卷48《贾谊传第十八》，中华书局1962年版，第2252页。

② （汉）董仲舒撰：《春秋繁露》卷11《天辨在人第四十六》，朱方舟整理，朱维铮审阅，上海书店出版社2012年第1版，第168页。

③ （汉）司马迁撰：《史记》卷121《儒林列传第六十一》，中华书局1982年版，第3117页。

④ （汉）班固撰，（唐）颜师古注：《汉书》卷50《张冯汲郑传第二十》，中华书局1962年版，第2309—2310页。

是天下人共同遵守的规则。在这样的治理传统熏陶下，汉武帝重视法治在国家治理中的作用就并不显得唐突；相反，倒是一件自然而然、顺理成章的事情。

汉武帝继承了先秦和汉初执法公平"不别亲疏，不殊贵贱"的法治思想，在治理国家时注重以法治国。以身边人为例，汉武帝妹妹隆虑公主之子昭平君，又是武帝女儿夷安公主的丈夫，犯法当死，隆虑公主临死前，以金千斤、钱千万为其赎罪。按汉朝的法律是可以以钱赎罪的，所以汉武帝批准了她的请求。可是隆虑公主死后，昭平君又犯法当死，因为是公主之子，廷尉不敢做主处决他，又请示汉武帝决处其罪。汉武帝"为之垂涕叹息，良久曰：'法令者，先帝所造也，用弟故而诬先帝之法，吾何面目入高庙乎？又下负万民。'乃可其奏，哀不能自止，左右尽悲。朔前上寿，曰：'臣闻圣王为政，赏不避仇雠，诛不择骨肉。《书》曰：'不偏不党，王道荡荡。'此二者，五帝所重，三王所难也。陛下行之，是以四海之内元元之民各得其所，天下幸甚！'"①再如方士栾大，在乐成侯丁义的推荐下来到了汉武帝身边，靠诈骗博得了武帝的信任。武帝赏给他大量财富，并封其五利将军、天道将军、乐通侯等官、爵，还把自己与卫皇后生的长女嫁给了他。但后来汉武帝一旦发现了他的诈骗活动后，就毫不犹豫坚决处

---

① （汉）班固撰，（唐）颜师古注：《汉书》卷65《东方朔传第三十五》，中华书局1962年版，第2852页。

死了他，并对推荐栾大的乐成侯丁义也判处弃市。从这些案例中足可以看出，汉武帝的治国特点是偏重于以严法治民。

二、增订法律

增订法律是汉武帝治国理政的一项重要内容。

汉武帝时代，法律条文繁多、严密。他表面上尊崇儒术，实际上偏好刑名之学。

第一，任命张汤、赵禹定律令。

汉武帝时法网渐密。

"及至孝武即位，外事四夷之功，内盛耳目之好，征发烦数，百姓贫耗，穷民犯法，酷吏击断，奸轨不胜。"在这种情况下，元光五年（公元前130年）七月，武帝任命张汤、赵禹定律令。据《晋书·刑法志》记载，汉武帝时，张汤作宫廷警卫"《越宫律》二十七篇"，赵禹作"《朝律》六篇"，共计33篇。"律、令凡三百五十九章，大辟四百九条，千八百八十二事，死罪决事比万三千四百七十二事。文书盈于几阁，典者不能遍睹。"①

第二，汉武帝的律令法条具有法令文深、严酷以及法令条文繁多、严密等特点。

---

① （汉）班固撰，（唐）颜师古注：《汉书》卷23《刑法志第三》，中华书局1962年版，第1101页。

史载，张汤"与赵禹共定诸律令，务在深文"①。汉武帝"招进张汤、赵禹之属，条定法令，作见知故纵、监临部主之法，缓深故之罪，急纵出之诛。其后奸猾巧法，转相比况，禁罔寖密……是以郡国承用者驳，或罪同而论异。奸吏因缘为市，所欲活则傅生议，所欲陷则予死比，议者咸冤伤之"②。从这些记载中可以看出汉武帝时的律令文深、严酷及条文繁多、严密等特点。

第三，所制律令皆深深烙有为皇帝专制统治服务的印记。

据《史记·酷吏列传》记载，张汤"所治即上意所欲罪，予监史深祸者；即上意所欲释，与监史轻平者。"③也就是说，张汤在执法过程中，并不依法断案，而是看汉武帝的眼色行事，皇帝想要治罪的，张汤就将其交给喜欢陷人于罪的属吏去办；皇帝想要网开一面的，张汤就将其交给务从宽容的属吏去办，总之不是以法律为准绳，而是以皇帝的喜好为施法准绳。可见，酷吏们只忠实于皇帝和自己的既得利益，许多活动反而并不受封建成文法的约束，甚至公开蔑视国家法律而任意胡为。汉武帝时有名的酷吏杜周就曾对人有过这样一

---

① （汉）班固撰，（唐）颜师古注：《汉书》卷122《酷吏列传第六十二》，中华书局1962年版，第3138页。

② （汉）班固撰，（唐）颜师古注：《汉书》卷23《刑法志第三》，中华书局1962年版，第1101页。

③ （汉）班固撰，（唐）颜师古注：《汉书》卷122《酷吏列传第六十二》，中华书局1962年版，第3139页。

段露骨的自白：

> 周为廷尉，其治大放张汤而善候伺。上所欲挤者，因而陷之；上所欲释者，久系待问而微见其冤状。客有让周曰："君为天下决平，不循三尺法，专以人主意指为狱，狱者固如是乎？"周曰："三尺安出哉？前主所是著为律，后主所是疏为令，当时为是，何古之法乎？"①

由此可见，在汉武帝重用的酷吏的眼中，国家大法根本就不存在，所谓"律""令"都是皇帝治理臣民的工具而已，这说明除了他们自觉地成为皇帝的鹰隼外，实际上也说明了汉武帝制律做令的目的性与随意性。在这样的思想指导下，滥杀无辜、草菅人命也就成为君主专制制度的固有弊端和基本特征了。

三、"霸王道杂之"

世所公认，汉武帝治国，"霸王道杂之"。

汉武帝是"霸王道杂之"这一治术的开创者和成功的实践者。汉武帝不仅"独尊儒术"，而且重视以法治国，将重法

---

① （汉）班固撰，（唐）颜师古注：《汉书》卷122《酷吏列传第六十二》，中华书局1962年版，第3153页。

治与尊儒术实现了有机的结合。

汉武帝时期，特别值得注意的一种现象就是他在治理国家的过程中能够将"重法治"与"尊儒术"相互结合。这主要表现在：

第一，以"《春秋》决狱"。

这是汉武帝时法律形式的一个新特点，所谓"《春秋》决狱"就是把儒家五经之一的《春秋》作为判断案件的法典。《春秋》一书维护君臣、父子、夫妇的纲常伦理以及春秋大一统思想对维护专制主义中央集权十分有利。汉武帝尊儒的目的之一就是要以《春秋》之义正君臣关系，汉武帝大搞《春秋》决狱，如令董仲舒弟子吕步舒"持节使决淮南狱，于诸侯擅专断，不报，以《春秋》之义正之，天子皆以为是"[①]。董仲舒病退后，"朝廷每有政议，数遣廷尉张汤至陋巷，问其得失"，问的就是关于春秋决狱之事，董仲舒"动以《经》对，言之详矣"。[②]公孙弘所谓"习文法吏事，缘饰以儒术"[③]，搞的就是春秋决狱。"春秋决狱"不仅在镇压诸侯王叛乱中起了作用，还在严格规范臣下的行为方面也表现出了意想不

---

① （汉）司马迁撰：《史记》卷121《儒林列传第六十一》，中华书局1982年版，第3129页。

② （唐）房玄龄撰：《晋书》卷30《志第二十·刑法》，中华书局1974年第1版，第920页。。

③ （汉）班固撰，（唐）颜师古注：《汉书》卷58《公孙弘卜式兒宽传第二十八》，中华书局1962年版，第2618页。

到的效果。汉武帝开创的这一先例，对后世政治产生了深刻影响。

第二，汉武帝时断狱数比过去大为增加。

据《汉书·刑法志》中的记载，西汉时断狱最少的文帝，年"断狱四百"。武帝断狱次数大增，年"天下断狱万数"①，或"一岁之狱以万千数"②。汉武帝是中国历史上既重视法治同时兼顾德治的一位比较出色的皇帝。他在重法治、以法治国的同时，也贯彻着儒家以"德教"化人的精神。能够将重法治与尊儒术在政治实践中实现完美的结合，这一点是汉武帝与秦始皇等只知用严刑峻法治国的皇帝的最根本区别，也正是汉武帝的高明之处。

历史证明，汉武帝在政治上十分精明。秦皇因废先王之道而秦速亡；汉武则因兼用周政与秦制中的合理成分而托起了大汉盛世。他在开疆拓土方面超过历代帝王；他将儒家思想作为官方意识形态一事开拓了后世政治家的治理思路；他创始的"外儒内法"的杂用王霸政治之道更成为中国古代君主政治常用的基本模式之一。

总之，汉武帝时期，将"重法治"与"尊儒术"相结合，

---

① （汉）班固撰，（唐）颜师古注：《汉书》卷64下《严朱吾丘主父徐严终王灵传第三十四下》，中华书局1962年版，第2833页。

② （汉）班固撰，（唐）颜师古注：《汉书》卷22《礼乐志第二》，中华书局1962年版，第1032页。

用儒家五经之一的《春秋》作为判断案件的法典。《春秋》一书维护君臣、父子、夫妇的纲常伦理，春秋大一统思想对维护皇权与中央集权十分有利。汉武帝尊儒的目的之一就是要以《春秋》之义正君臣关系。汉武帝开创的这一先例，对后世有着深刻的影响。另外，汉武帝在重法治的同时，将"赦天下""赦徒"与特别赦免某一地区、某一事件中罪人的次数频繁，断狱数比过去大大增加。这样做是为与民更始，也就是给罪人、刑徒以重新做人的机会。这是汉武帝关心民众疾苦、施恩德于民的重要表现。这对尊儒术的汉武帝来说自然是他以德化民的重要表现。总之"外儒内法"是汉武帝与秦始皇在治国理政上的最大区别，也是汉武帝统治术的高明之处。①

---

① 参见杨生民著：《汉武帝传》，人民出版社 2001 年版，第 52—53 页。

第三章　悉延百端之学

汉武帝治理国家，悉延百端之学，兼用各家，任贤不拘一格。在汉武帝的招纳贤才的政策下，"群士慕向，异人并出""天下布衣各厉志竭精以赴阙廷自衒鬻者不可胜数"。汉武帝将各种类型的优秀人才汇聚于麾下，形成以他为中心的文武兼备的统治集团。"汉之得人，于兹为盛。儒雅则公孙弘、董仲舒、兒宽；笃行则石建、石庆；质直则汲黯、卜式；推贤则韩安国、郑当时；定令则赵禹、张汤；文章则司马迁、相如；滑稽则东方朔、枚皋；应对则严助、朱买臣；历数则唐都、洛下闳；协律则李延年；运筹则桑弘羊；奉使则张骞、苏武；将率则卫青、霍去病；受遗则霍光、金日磾；其余不可胜纪。是以兴造功业，制度遗文，后世莫及。"

一、各取所长，百家兼用

从建元五年（公元前 136 年）到元光元年（公元前 134 年）五月武安侯田蚡"黜黄老、刑名百家之言"①，再到元朔五年（公元前 124 年）为五经博士置弟子员，这十二年是汉武帝尊儒活动的主要时期。经过汉政府的努力，儒学成为汉帝国的指导思想，国立太学成为选拔国家官员的主要阵地。不过，在尊儒的同时，汉武帝并没有对其他学派"绝其道""灭其说"。相反，各学派的著作均可收藏、流传供人学习、研究。并且，汉武帝还把法家、道家、纵横家、杂家甚而方术之术等各家各派的人物通过公车上书、征辟、任子、訾选、察举、荐举等方式罗致在左右，让他们做官、出谋划策、辅佐自己治理国家。因此，可以说汉武帝实际上并没有"罢黜百家"，而是兼用百家。总之，所谓"独尊儒术"，汉武帝确实尊了；所谓"罢黜百家"，像董仲舒建议所说的那样"诸不在六艺之科、孔子之术者，皆绝其道"，使"邪辟之说灭息"，汉武帝并没有采纳。相反，汉武帝治国是在尊崇儒术的前提下，采取的是百家兼用、"悉延百端之学"②的方针。

---

① （汉）班固撰，（唐）颜师古注：《汉书》卷 88《儒林传第五十八》，中华书局 1962 年版，第 3593 页。

② （汉）司马迁撰：《史记》卷 128《龟策列传第六十八》，中华书局 1982 年版，第 3224 页。

《史记·龟策列传》说：

> 至今上即位，博开艺能之路，悉延百端之学，通一伎之士咸得自效。绝伦超奇者为右，无所阿私，数年之间，太卜大集。

这是说，汉武帝即位后，广开艺能之路，延引百家之学，有一技之长的士人都可为国效力。只要有卓越的超人的才干就能出人头地，而且公正无私。

这样看来，汉武帝用人应该是包含着儒、法、道、纵横、杂家、阴阳五行、术数、方士等各家各派的。

第一，任用既学儒学又学各家之学者为官。如司马谈曾从唐都学天文，从菑川人杨何学《易经》，又追随黄生学黄老之学，在武帝建元至元封年间为太史令。汉武帝时的名儒夏侯始昌，是位"通五经，以齐诗、尚书教授"[①]的儒家学者，但又是一位"明于阴阳"，善推言灾异的阴阳五行家。曾任太尉、丞相的田蚡曾学"《盘盂》诸书"[②]。公孙弘是一位兼治儒、法两家的学者。

第二，直接任用各学派的人做官，如韩安国"尝受《韩

① （汉）班固撰，（唐）颜师古注：《汉书》卷75《眭两夏侯京翼李传第四十五》，中华书局1962年版，第3154页。

② （汉）班固撰，（唐）颜师古注：《汉书》卷52《窦田灌韩传第二十二》，中华书局1962年版，第2377页。

子》、杂说，邹田生所。"①，汉武帝先后任他为北地都尉、大司农、御史大夫、代丞相等职。马邑之谋时，武帝令他率三十万大军伏击匈奴。再如，张欧"孝文时以治刑名侍太子"，景帝时位列九卿，武帝元朔年间曾"代韩安国为御史大夫"②。张汤自幼学习决狱文书律令，武帝时与赵禹"共定诸律令"，汤常"决大狱"，治淮南、衡山、江都王谋反案件，"皆穷根本"。为御史大夫后，又承武帝旨"请造白金及五铢钱，笼天下盐铁，排富商大贾，出告缗令，钼（锄）豪强并兼之家"。在这一过程能以巧妙的言辞文饰法律严惩违禁者。张汤以法治国的才干深受武帝赏识，所以常奏事至日晚，使武帝忘食，并让丞相成为无用的摆设，于是出现了"天下事皆决汤"③的局面。另外，与张汤"共定律令"的赵禹和杜周，都是武帝时重用的法家在政府任要职的官员。其中，赵禹历任御史、中大夫、廷尉、少府。杜周则历任廷尉史、廷尉、执金吾、御史大夫等。同时，崇尚法治、信奉管商的法家桑弘羊又是为武帝所重用的理财专家，筦盐铁、均输、平准等措施的有力推行者，后为御史大夫。黄霸"少学律令，

---

① （汉）班固撰，（唐）颜师古注：《汉书》卷52《窦田灌韩传第二十二》，中华书局1962年版，第2394页。

② （汉）班固撰，（唐）颜师古注：《汉书》卷64《万石卫直周张传第十六》，中华书局1962年版，第2204页。

③ （汉）班固撰，（唐）颜师古注：《汉书》卷59《张汤传第二十九》，中华书局1962年版，第2641页。

喜为吏，武帝末以待诏入钱赏官，补侍郎谒者"①，后补河东均输长。宣帝时曾官居颍川太守、京兆尹、丞相等职。汉武帝时期所任用的上述法家官吏，不仅在当时政治、经济生活中起了重大作用，到昭、宣时期的作用也不可忽视。

第三，汉武帝不仅从儒、法两家中选择官吏，也从其他学派中广泛选拔官吏。如主父偃"齐国临菑人也，学长短从横术，晚乃学《易》、《春秋》、百家之言"②。《汉书·艺文志》所著录的纵横家书目中有《主父偃》二十八篇。这说明主父偃主要是学纵横术起家的，并有专门著作问世。元光元年主父偃上书汉武帝，早上上书，晚上就被召见，所言九事，其中八事均被著为律令。主父偃也深为武帝赏识，一年中四次升官，至中大夫，最后为齐王相。黄老之术西汉初是国家的指导思想，武帝即位后黄老学说的地位大大降低，但是武帝仍然任用学黄老之术的人当官，汲黯就是一例。汲黯学黄老之学起家，景帝时曾为太子洗马，武帝时先后任用为荥阳令、中大夫、东海太守，"黯学黄老之言，治官理民，好清静……黯多病，卧闺阁内不出。岁余，东海大治，称之。上闻，召以为主爵都尉，列于九卿。治务在无为而已，弘大

---

① （汉）班固撰，（唐）颜师古注：《汉书》卷89《循吏传第五十九》，中华书局1962年版，第3627页。

② （汉）班固撰，（唐）颜师古注：《汉书》卷64上《严朱吾丘主父徐严终王贾传第三十四上》，中华书局1962年版，第2798页。

体，不拘文法"①。武帝对他"无为"的治理方法和直言的性格都很赞赏，称赞他是"社稷之臣"。楚元王后人刘德"修黄老术，有智略""常持《老子》知足之计"②。武帝曾在甘泉宫召见他，因其年轻，称其为"千里驹"。另外，司马谈、司马迁父子是尊黄老的，先后被任用为太史令，司马迁还被任用为中书令。再如郎中婴齐、杨王孙等人都是当时治黄老之术有影响的社会人物。

对于杂家、兵家、术数家，只要有利于国家治理，汉武帝也照样一概任用。东方朔就是位杂家，他说自己"讽诵《诗》、《书》、百家之言不可胜数"，又说他"十六学《诗》、《书》，诵二十二万言。十九学孙、吴兵法……亦诵二十二万言"③。他曾上书武帝陈述农战强国之计，其言专用"商鞅、韩非之语"。再如汉武帝对卫青、霍去病等杰出军事将领的发现与重用，等等。④

---

① （汉）司马迁撰：《史记》卷120《汲郑列传第六十》，中华书局1982年版，第3105页。

② （汉）班固撰，（唐）颜师古注：《汉书》卷36《楚元王传第六》，中华书局1962年版，第1927页。

③ （汉）班固撰，（唐）颜师古注：《汉书》卷65《东方朔传第三十五》，中华书局1962年版，第2863、2841页。

④ 参见杨生民著：《汉武帝传》，人民出版社2001年版，第57—61页。

二、汉武帝的执政要质

据刘泽华、葛荃在其主编的《中国古代政治思想史》一书中总结，汉武帝的为政之道具有下列四个特点。

1. 求 变

汉武帝登上政治舞台之际，西汉王朝的整体状况正处于一个转折的关头。对于当时的形势变化，《资治通鉴·汉纪八》中有这样一段记载：

> 汉兴，接秦之弊，作业剧而财匮，自天子不能具钧驷，而将相或乘牛车，齐民无藏盖。天下已平，高祖乃令贾人不得衣丝、乘车，重租税以困辱之。孝惠、高后时，为天下初定，复弛商贾之律；然市井之子孙，亦不得仕宦为吏。量吏禄，度官用，以赋于民。而山川、园池、市井租税之入，自天子以至于封君汤沐邑，皆各为私奉养焉，不领于天下之经费。漕转山东粟以给中都官，岁不过数十万石。继以孝文、孝景，清净恭俭，安养天下，七十余年之间，国家无事，非遇水旱之灾，民则人给家足。都鄙廪庾皆满，而府库余货财；京师之钱累巨万，贯朽而不可校；太仓之粟陈陈相因，充溢露积于外，至腐败不可食。众庶街巷有马，而阡陌之间成群，乘字牝者摈而不得聚会。守闾阎者食粱肉，为吏者长子孙，居官者以为姓号。故人人自爱而重犯法，先行义而后绌辱焉。当此之时，罔疏而民富，役财骄溢，或至兼并；豪党之徒，

以武断于乡曲。宗室有土，公、卿、大夫以下，争于奢侈，室庐、舆服僭于上，无限度。物盛而衰，固其变也。自是之后，孝武内穷侈靡，外攘夷狄，天下萧然，财力耗矣！[1]

随着修养生息的完成，汉代国家综合国力已经提升到了一个新的临界点，但一系列新的社会问题也随之出现。汉武帝对形势的认识十分清楚，站在最高执政者的角度，他反对墨守成规，多次提出要"变"。汉武帝说："朕闻天地不变，不成施化，阴阳不变，物不畅茂。"变是事物发展的必要条件，同样，"五帝不相复礼，三代不同法"。[2] 根据形势变化对国家政策作适度的调整，本也是治理国家过程中的正常现象。汉武帝所说的"变"主要是指从实际政治需要出发，根据不同情况将施政方针作灵活的调整，做到与时俱进。

汉武帝对儒家的权变思想认识颇深，他曾评论说："盖孔子对定公以徕远，哀公以论臣，景公以节用，非期不同，所急异务也。""所急异务"就是讲政策的灵活性。汉武帝认为在调整统治政策时，应该"据旧以鉴新"，"稽诸往古，制宜于今"[3]。在变的过程中，手段、方法要服务于目标，即所谓

---

[1]　（宋）司马光编著，（元）胡三省音注：《资治通鉴》卷16《汉纪八·孝景皇帝下》，中华书局1956年第1版，第545页。

[2]　（汉）班固撰，（唐）颜师古注：《汉书》卷6《武帝纪第六》，中华书局1962年版，第169、173页。

[3]　（汉）班固撰，（唐）颜师古注：《汉书》卷6《武帝纪第六》，中华书局1962年版，第173页。

"所由殊路，而建德一也"①。可以说，"求变"是汉武帝变更一系列重要政策的思想基础。

2. 求 治

汉武帝有着强烈的使命感，自知"任大而守重"。为了汉家天下长治久安，他"夙夜不皇康宁，永惟万事之统，犹惧有阙"②。曾几次下诏策问，渴望寻找到长治久安的治国方略。

长期困扰汉武帝，使其夜不成寐的问题主要有三：

第一，政权得失兴亡的根本原因是天命还是人为？

他发问："五帝三王之道，改制作乐而天下洽和……桀、纣之行，王道大坏……三代受命，其符安在？灾异之变，何缘而起？"③

第二，治平天下的根本方略是什么？

他发问："三王之教所祖不同，而皆有失，或谓久而不易者道也，意岂异哉？"汉武帝说："惟前帝王之宪，永思所以奉至尊，章洪业，皆在力本任贤。今朕亲耕籍田以为农先，劝孝弟，崇有德，使者冠盖相望，问勤劳，恤孤独。"④欲以

---

① （汉）司马迁撰：《史记》卷30《平准书第八》，中华书局1982年版，第1422页。

② （汉）班固撰，（唐）颜师古注：《汉书》卷56《董仲舒传第二十六》，中华书局1962年版，第2495页。

③ （汉）班固撰，（唐）颜师古注：《汉书》卷56《董仲舒传第二十六》，中华书局1962年版，第2496页。

④ （汉）班固撰，（唐）颜师古注：《汉书》卷56《董仲舒传第二十六》，中华书局1962年版，第2507页。

此达到天下大治。

第三，如何实现政治思想的统一？

汉武帝的政治视野相当宽广，他思考的是君主政治统治如何长治久安的重大政治问题。正是在求治思想指导下，汉武帝接受了董仲舒的建议，罢黜百家、独尊儒学为统一国家思想文化的政治学说，以此来杜绝意识形态领域的混乱现象，加强对思想的统一和专制。

3. 德刑兼用

汉武帝汲取了汉代儒学的德主刑辅思想，把德治教化和刑暴惩恶作为维护君权不可或缺的两手。

汉武帝说："夫本仁祖义，褒德禄贤，劝善刑暴，五帝三王所由昌也。"他特别注重德治的功能，说"扶世导民，莫善于德"。德治的主旨是事天以礼，立身以义，事亲以孝，育民以仁。德治是引导人民安分守己、服从统治的良方。武帝深感当今世道礼崩乐坏，设想通过宣化仁义道德，导民以礼，风之以乐，使民"仁行而从善，义立则俗易"[①]，建立稳定的统治秩序。

汉武帝正是通过征辟选用儒学之士，设立太学，立五经博士和博士弟子，在中央政府形成仁义道德宣化中心。然后，设置专职礼官，"讲议洽闻，举遗兴礼，以为天下先"。他曾

---

① （汉）班固撰，（唐）颜师古注:《汉书》卷6《武帝纪第六》，中华书局1962年版，第166、155、180页。

告诫臣属："公卿大夫，所使总方略，一统类，广教化，美风俗也。"在社会基层，汉武帝也十分重视利用乡、县三老，孝悌、力田等地方基层官吏宣扬教化。元狩六年（公元前117年），武帝下诏，"谕三老、孝弟以为民师"①，希望通过自上而下的教育宣化，敦促民众自觉遵行礼法，致力农亩，安分守己做顺民，实现百姓和乐，政事宣昭。

汉武帝在宣传上重教化，在行政操作中则更重刑罚。他密织法网，亲信法术之士，强化暴力统治。班固说，武帝即位以后，"征发烦数，百姓贫耗，穷民犯法，酷吏击断，奸轨不胜。"于是使"张汤，赵禹之属，条定法令，作'见知放纵，监临部主'之法"②。又作"沉命法"，对于不能揭举罪犯者，以及镇压"盗贼"不力的地方官都要施与重刑。

以刑罚督责吏民构成汉武帝治国的特点之一。

汉武帝说："夫刑罚所以防奸也。"③刑暴和劝善一样，同为帝王之道，都是用来巩固汉家天下的重要政策。唐令狐德棻说："王道任德，霸道任刑。自三王已上，皆行王道；惟

---

① （汉）班固撰，（唐）颜师古注：《汉书》卷6《武帝纪第六》，中华书局1962年版，第172、166、180页。

② （汉）班固撰，（唐）颜师古注：《汉书》卷23《刑法第三》，中华书局1962年版，第1101页。

③ （汉）班固撰，（唐）颜师古注：《汉书》卷6《武帝纪第六》，中华书局1962年版，第171页。

秦任霸术，汉则杂而行之。"①汉武帝这种兼及德刑，内重刑暴、外饰德化的治术便是"汉家制度"的精髓。

4. 任　贤

汉武帝十分重视人才在治理国家中的作用，认为若想成就帝王大业，保持长治久安，就必须将天下英才尽可能罗致麾下。在汉武帝当政的几十年里，他"畴咨海内，举其俊茂，与之立功"②，"求之如弗及"③。任贤是汉武帝的一项基本政策。

汉武帝认为，任贤的诀窍在于知人善任。他曾感慨地说："知人则哲，惟帝难之。"④

为了确保能选得有用之才，武帝采取了两项措施。

第一，扩大征选人才的数额，使地方举荐人才制度化和经常化。他"深诏执事，兴廉举孝"，三番五次责令郡国地方官员推举才德之士。他说："夫十室之邑，必有忠信，三人并行，厥有我师。今或至阖郡而不荐一人，是化不下究，而积行之君子雍于上闻也。"为此，汉武帝特别严明奖惩制度，

---

① （后晋）刘昫等撰：《旧唐书》卷73《列传第二十三·令狐德棻》，中华书局 1975 年第 1 版，第 2598 页。。

② （汉）班固撰，（唐）颜师古注：《汉书》卷 6《武帝纪第六》，中华书局 1962 年版，第 211 页。

③ （汉）班固撰，（唐）颜师古注：《汉书》卷 58《公孙弘卜式兒宽传第二十八》，中华书局 1962 年版，第 2633 页。

④ （汉）班固撰，（唐）颜师古注：《汉书》卷 6《武帝纪第六》，中华书局 1962 年版，第 174 页。

"进贤受上赏，蔽贤蒙显戮"。如果地方官员"不举孝，不奉诏，当以不敬论。不察廉，不胜任也，当免"。[1]武帝运用行政手段广招人才，给予任贤制度保障。

第二，放宽选贤的标准，对于"茂才异等"不计其出身或其他小节。汉武帝说："马或奔踶而致千里，士或有负俗之累而立功名。"才能优异之人往往行为怪异，不同于世俗，或者出身低微。汉武帝认为这些都不足为虑。他说："夫泛驾之马，跅弛之士，亦在御之而已。"[2]只要驾驭得法，行为超常之士同样能为君主所用，至于出身高低更可存而不论。[3]

三、"汉之得人，于兹为盛"

汉武帝的任贤之道收效显著，在汉武帝招纳贤才的政策下，一时"群士慕向，异人并出"[4]，"天下布衣各厉志竭精

---

[1]（汉）班固撰，（唐）颜师古注：《汉书》卷6《武帝纪第六》，中华书局1962年版，第166—167页。

[2]（汉）班固撰，（唐）颜师古注：《汉书》卷6《武帝纪第六》，中华书局1962年版，第197页。

[3]参见刘泽华、葛荃主编：《中国古代政治思想史》，南开大学出版社2001年版，第200—202页。

[4]（汉）班固撰，（唐）颜师古注：《汉书》卷58《公孙弘卜式兒宽传第二十八》，中华书局1962年版，第2633页。

以赴阙廷自衒鬻者不可胜数"①。

汉武帝时代，名臣中出身不高者大有人在，如"卜式拔于刍牧，弘羊擢于贾竖，卫青奋于奴仆，日磾出于降虏"②。正是在这样的用人思想指导下，汉武帝才能将各种类型的优秀人才汇聚于中央，形成以他为中心的高智能统治集团。正如班固列举的那样，"汉之得人，于兹为盛。儒雅则公孙弘、董仲舒、儿宽；笃行则石建、石庆；质直则汲黯、卜式；推贤则韩安国、郑当时；定令则赵禹、张汤；文章则司马迁、相如；滑稽则东方朔、枚皋；应对则严助、朱买臣；历数则唐都、洛下闳；协律则李延年；运筹则桑弘羊；奉使则张骞、苏武；将率则卫青、霍去病；受遗则霍光、金日磾；其余不可胜纪。"班固对此总结说："是以兴造功业，制度遗文，后世莫及。"③他认为汉武帝时代的"功业""制度"之所以具有突出的历史地位，正是因为汉武帝身边集聚了一个在文化资质上同样"后世莫及"的人才群体。

公孙弘家贫，曾经在海滨牧猪，因为儒学学术素养优越，被推荐到中央政府；后来任为丞相，破格封侯，曾积极参与国

---

① （汉）班固撰，（唐）颜师古注：《汉书》卷58《杨胡朱梅云传第三十七》，中华书局1962年版，第2918页。

② （汉）班固撰，（唐）颜师古注：《汉书》卷58《公孙弘卜式儿宽传第二十八》，中华书局1962年版，第2633页。

③ （汉）班固撰，（唐）颜师古注：《汉书》卷58《公孙弘卜式儿宽传第二十八》，中华书局1962年版，第2643页。

家大政决策。卜式早年在山中牧羊，因以资财支持汉武帝征伐匈奴的战争，又曾提出合理的行政建议，任地方长官多有政绩，被任命为御史大夫。兒宽出身贫穷书生，曾经受人雇用耕作，田间休息时诵读儒学经典；负责关中行政时，积极开发水利，合理征收赋税，对于地方经济发展有很大贡献，后来被任命为御史大夫。班固分析说，这样的人才以"鸿渐之翼"而曾经"困于燕雀"，如果不是汉武帝的识拔，怎么可能作出重要的历史贡献呢？班固还指出，经历文景之治后，汉王朝在安定的形势下有了丰厚的经济积累，然而四境尚未宾服，制度建设还有许多空白，汉武帝"方欲用文武，求之如弗及"，热切期望、寻求人才。他用以草裹轮来减震的"蒲车"恭敬地迎接著名学者枚生，对于虽"家贫"，"为客甚困"，然而就战胜匈奴提出战略性谋划的主父偃，汉武帝也曾经有"何相见之晚"的感叹。杰出人才受到重视，产生了明显的社会效应，一时海内出现了"群士慕向，异人并出"的形势。班固感叹说，除了"卜式拔于刍牧"而外，理财名臣桑弘羊出身于地位低下的商贾之家；大将军卫青原本是奴仆；金日磾则"出于降虏"，身份本是匈奴战俘。班固认为，汉武帝能够不拘一格发现和使用了这些人才，才最终君臣一起托起了大汉的盛世。

第四章　改革选官制度

汉武帝选官制度的特点主要有二：一是唯才是举。二是广开仕途。据《汉书·东方朔传》记载，武帝时期"朝廷多贤材"。元封五年（公元前 106 年）大将军、大司马卫青去世，此前霍去病、公孙弘等人也已去世，而武帝的事业仍在开拓之中，在这种形势下，汉武帝下了一道《求茂材异等》诏，充分反映了他在用人上唯才是举的政策。这份诏书说："盖有非常之功，必待非常之人。故马或奔踶而致千里，士或有负俗之累而立功名。夫泛驾之马，跅弛之士，亦在御之而已。其令州郡察吏民有茂材异等可为将相及使绝国者。"汉武帝改革选官制度，显然是为了他治国进取的需要。

一、选官制度改革之原因

汉武帝改革选官制度，主要是为了配合他的有为进取的需要。

中国以郡县制为特征的君主专制中央集权的政治体制始于大秦帝国，这种体制的出现，显然是为了巩固国家统一，维护传统社会的正常秩序。

秦朝选官制度的详细内容，因史料阙如，已难以详考。《通典·选举典》说："秦自孝公纳商鞅策，富国强兵为务，仕进之途，唯辟田与胜敌而已。以至始皇，遂平天下。"[①]辟田指积极从事农业生产的可以得到官职，生产的粮食多了，也可以纳粟买官。《史记·秦始皇本纪》记载，始皇四年，"天下疫，百姓内粟千石，拜爵一级"[②]。胜敌指军功，立军功就可以拜爵，有了爵也可以做官。"斩一首者爵一级，欲为官者，为五十石之官；斩二首者爵二级，欲为官者，为百石之官"[③]。这说明，辟田与胜敌是秦代选官的重要条件。

然而，秦王朝二世而亡，统治全国仅短短十五年。历史残酷地告诉汉代统治者，君主专制政治制度并不完备，需要

---

① （唐）杜佑撰：《通典》卷13《选举一·历代制上》，王文锦、王永兴、刘俊文、徐庭云、谢方点校，中华书局1988年第1版，第309页。

② 司马迁撰：《史记》卷6《秦始皇本纪第六》，中华书局1982年版，第224页。

③ （清）王先慎撰：《韩非子集解》卷17《定法第四十三》，钟哲点校，中华书局1998年第1版，第399页。

改进与完善。特别是经过汉初近七十年的实践，君主官僚政治体制上的诸多问题也进一步暴露出来。

汉高帝刘邦汉承秦制，治国的重点在于恢复经济与多年战乱带来的国家气力上面。

汉武帝时，为适应形势发展的需要，遂大刀阔斧地进行政治制度的改革。汉武帝自己曾说过："汉家庶事草创，加四夷侵陵中国，朕不变更制度，后世无法；不出师征伐，天下不安；为此者不得不劳民。若后世又如朕所为，是袭亡秦之迹也。"① 这就是说，汉武帝变更制度以及他所从事文治武功的目的不仅仅为当时的需要，而且要为后世立法。而汉武帝所变更的制度中的一部分就是选官制度。

周代世官制度占统治地位。春秋战国时期，因为社会秩序的变动以及客观形势的要求，出身低下的士人日益加入官僚集团。到战国末年，"明主之吏，宰相必起于州部，猛将必发于卒伍"② 已经成为各国选拔官员的基本条件。汉武帝即位距刘邦即帝位已六十二年，汉初的勋臣已退出历史舞台，而其时汉帝国又恰处在开拓、进取的强劲势头上，为了推进国家的发展与新形势的需要，汉武帝遂对选拔官吏的制度进行了大胆改革。

---

① （宋）司马光编著，（元）胡三省音注：《资治通鉴》卷22《汉纪十四》，中华书局1956年第1版，第726页。

② （清）王先慎撰：《韩非子集解》卷19《显学第五十》，钟哲点校，中华书局1998年第1版，第460页。

二、汉武帝的选官特点

汉武帝改革后选官制度特点主要有二：

一是唯才是举，一是广开仕途。

1. 汉武帝选拔官吏的一个显著特点就是唯才是举

汉武帝即位不久，建元元年（公元前140年）十月即召开了举贤良对策会议，把严助、董仲舒等人选拔出来。据《资治通鉴·汉纪九》记载："上自初即位，招选天下文学材智之士，待以不次之位。四方士多上书言得失，自眩鬻者以千数。上简拔其俊异者宠用之。庄助最先进，后又得吴人朱买臣、赵人吾丘寿王、蜀人司马相如、平原东方朔、吴人枚皋、济南终军等，并在左右。"[1]《汉书·东方朔传》就说武帝时期"朝廷多贤材"，并称赞"武帝既招英俊，程其器能，用之如不及"[2]。这里所说"程其器能"加以任用，就是唯才是举。元封五年（公元前106年）大将军、大司马卫青去世，此前霍去病、公孙弘等人也已去世，而武帝的事业仍在开拓之中，在这种形势下，武帝下了一道求茂材异等诏，充分反映了他在用人上唯才是举的政策。这份诏书说：

---

① （宋）司马光编著，（元）胡三省音注：《资治通鉴》卷17《汉纪九·世宗孝武皇帝上之上》，中华书局1956年第1版，第562页。

② （汉）班固撰，（唐）颜师古注：《汉书》卷65《东方朔传第三十五》，中华书局1962年版，第2863页。

盖有非常之功，必待非常之人。故马或奔踶而致千里，士或有负俗之累而立功名。夫泛驾之马，跅弛之士，亦在御之而已。其令州郡察吏民有茂材异等可为将相及使绝国者。[①]

这份诏书的大致意思就是：大凡有非常之功，必然要有非常之人。所以有的又狂奔而又踢人的马能日走千里，有的士人为世俗所讥议而能立功名于世。驾车不循轨辙奔驰的马，放荡不羁、不遵礼度的士人，也在任用之列。因此，令州郡察吏民之中有优异的可以为将相和出使绝域的等人才都要选拔上来，这显然就是唯才是举了。

2. 汉武帝选拔官吏的另一个显著特点就是广开仕途

汉武帝在继承西汉初期选拔官吏制度的基础上，大胆发展、创新，形成了适应多种需要，多途径、多元化地选拔、任用官吏的制度。这主要表现在：

第一，察举。汉武帝时的察举分贤良、孝廉、茂材异三科。我们先来看贤良科。

汉高帝十一年（公元前196年），汉高祖下求贤诏说"贤士大夫有肯从我游者，吾能尊显之"，并要求诸侯王、郡守举荐贤士大夫遣诣相国府，并签署上姓名、行状、年纪。如果

---

① （汉）班固撰，（唐）颜师古注：《汉书》卷6《武帝纪第六》，中华书局1962年版，第197页。

有贤士大夫而不举荐即所谓"有而弗言，觉，免"^①。这份求贤诏是汉王朝最早要求举荐贤良的诏书。

汉文帝时开始正式举贤良。文帝前元二年（公元前178年）诏"举贤良方正能直言极谏者，以匡朕之不逮"。文帝前元十五年（公元前165年）"诏诸侯王、公卿、郡守举贤良能直言极谏者，上亲策之，傅纳以言"^②。

汉武帝建元元年（公元前140年），"诏丞相、御史、列侯、中二千石、二千石、诸侯相举贤良方正直言极谏之士"^③；后于元光元年（公元前134年）五月又诏贤良对策。元光五年（公元前130年）复诏贤良文学。武帝以后举贤良成为定制，历昭、宣、元、成而不断。

贤良科是汉代选拔高级官员的重要途径。文帝时晁错曾应"贤良文学"之选，经策试以高第任中大夫，景帝时升为御史大夫。武帝时董仲舒亦应"贤良"之选，经策试为江都王相，公孙弘经此科之选，最后升为丞相。贤良一科，在皇帝策试时讨论的是重大政策方面的问题，如董仲舒《举贤良对策》讲的就是统治思想和重大政策、制度方面的问题。昭

① （汉）班固撰，（唐）颜师古注：《汉书》卷1下《商帝纪第一下》，中华书局1962年版，第71页。

② （汉）班固撰，（唐）颜师古注：《汉书》卷4《文帝纪第四》，中华书局1962年版，第116、127页。

③ （汉）班固撰，（唐）颜师古注：《汉书》卷6《武帝纪第六》，中华书局1962年版，第155页。

帝时贤良文学参加的盐铁会议讨论的也是重大政策问题，等等。此科选举的重要性由此可见。此科选举时，先由皇帝下诏施行，名之曰"制选"，其所以称为"制选"是因为皇帝关于重大制度而颁布的命令称为制书，选贤良是据皇帝之命而选举的，所以称为"制选"①；根据皇帝制书的内容，中央有关机构和王国相、郡守等地方官员再结合乡里评议，选拔出符合条件的适当人选，这叫作"察选"。"察选"出来的人，上报、遣送至丞相府等有关机构，然后再由皇帝亲自策试，策试的题目是由皇帝出的政治、政策方面的问题，被策试的贤良写成文章对答，这就是对策。此对策如为皇帝所赏识，就可以授予官职，或再经试用而后授予官职。

我们再来看孝廉科。

举孝廉在武帝前已有，最初孝廉与力田等是一同举荐的。文帝前元十二年（公元前 168 年）下诏："孝悌，天下之大顺也。力田，为生之本也……廉吏，民之表也。朕甚嘉此二三大夫之行。今万家之县，云无应令，岂实人情？是吏举贤之道未备也。"②这说明文帝时已有举孝悌、力田、廉吏之事。从史籍记载来看"举孝廉"作为单独的一科，最初可能是武帝时正式开始的，因为据《汉书·武帝纪》记载："元光元年（公

---

① 《史记·秦始皇本纪》载皇帝"命为'制'，令为'诏'"。

② （汉）班固撰，（唐）颜师古注：《汉书》卷4《文帝纪第四》，中华书局 1962 年版，第 123 页。

元前134年）冬十一月，初令郡国举孝廉各一人。"这里说的
"初令"应指最初让举孝廉的诏令，让"郡国举孝廉各一人"
是说各郡与诸侯王国要分别举"孝""廉"各一名。"孝"与
"廉"是两种德行高尚、嘉美的人，举孝子为官，显然是为了
"广教化、美风俗""化元元，移风易俗也"①。因此，汉武
帝对举孝廉是十分重视的。

　　史载，因为各郡国对举荐孝廉人才不积极，以致引得汉
武帝龙颜大怒，元朔元年（公元前128年）冬十一月，汉武
帝下达了一个辞令严厉的诏书。

　　武帝在诏书中说：

　　　　公卿大夫，所使总方略，一统类，广教化，美风俗也。
　　夫本仁祖义，褒德禄贤，劝善刑暴，五帝、三王所由昌也。朕
　　夙兴夜寐，嘉与宇内之士臻于斯路。故旅耆老，复孝敬，选
　　豪俊，讲文学，稽参政事，祈进民心，深诏执事，兴廉举孝，
　　庶几成风，绍休圣绪。夫十室之邑，必有忠信；三人并行，厥
　　有我师。今或至阖郡而不荐一人，是化不下究，而积行之君
　　子雍于上闻也。二千石官长纪纲人伦，将何以佐朕烛幽隐，
　　劝元元，厉蒸庶，崇乡党之训哉？且进贤受上赏，蔽贤蒙显
　　戮，古之道也。其与中二千石、礼官、博士议不举者罪。②

---

　　①（汉）班固撰，（唐）颜师古注：《汉书》卷6《武帝纪第六》，中华书局1962
年版，第160、166—167页。

　　②（汉）班固撰，（唐）颜师古注：《汉书》卷6《武帝纪第六》，中华书局1962
年版，第166—167页。

面对汉武帝的责问，有司经过商量，很快将落实意见上
奏曰：

> 古者，诸侯贡士，一适谓之好德，再适谓之贤贤，三适
> 谓之有功，乃加九锡；不贡士，一则黜爵，再则黜地，三而
> 黜，爵地毕矣。夫附下罔上者死，附上罔下者刑，与闻国政
> 而无益于民者斥，在上位而不能进贤者退，此所以劝善黜恶
> 也。今诏书昭先帝圣绪，令二千石举孝廉，所以化元元，移
> 风易俗也。不举孝，不奉诏，当以不敬论。不察廉，不胜任
> 也，当免。①

武帝阅后曰"可"。

孝廉科经武帝时的倡导推行，后来成为定制。

我们再看茂材异科。

此科为汉武帝时新设，设置的时间在元封五年（公元前
106 年），诏书中"令州郡察吏民有茂材异等可为将相及使绝
国者"，即要求举荐那些有特别的才干和能力的人，包括为世
俗所讥议、放荡不羁（不循常规、礼法）的人也在其中。由
于当时杰出的军事将领卫青、霍去病和董仲舒、公孙弘等人
相继去世，而形势的发展又迫切需要人才，所以武帝才新设
此选拔特异人才的新科。

---

① （汉）班固撰，（唐）颜师古注：《汉书》卷 6《武帝纪第六》，中华书局 1962
年版，第 167 页。

第二，征辟。"征辟"是自上而下选拔官吏的制度，分皇帝征聘与公府、州郡辟除两种方式。秦汉时期，皇帝采取特征与聘召方式选拔的都是一些名资很高且品学兼优的人士。辟除是高级官员任用属吏的一种制度，是由三公府辟除，对象主要是公府掾属，试用之后，经公卿举荐或察举，可以出补中央官吏或出任州郡主管长官。两汉的三公以至九卿如光禄勋、太常等，皆可自辟掾属。西汉时期，丞相的辟除之权最大，甚至可以开馆招纳贤士。如田蚡为丞相时，"入奏事，语移日，所言皆听，荐人或起家至二千石，权移主上。上乃曰：'君除吏尽未？吾亦欲除吏。'"①这显然与汉武帝加强皇权之意有一定距离，因此汉武帝之改革选官制度，也有加强皇权之意。他大大发展了这种选官的方式，只要具有某种特长或者品德高尚，这种人才就在"征召"之列。元光五年（公元前130年），汉武帝"征吏民有明当世之务、习先圣之术者，县次续食，令与计偕"。元狩六年（公元前117年），汉武帝下诏"遣博士大等六人分循行天下……举独行之君子，征诣行在所"②。这种征召一次绝不只一人，可能至数人、数十人，或更多。被征召的人经皇帝亲自召见，谈话、了解其特长、志趣，而后授予官职。

---

① （汉）班固撰，（唐）颜师古注：《汉书》卷52《窦田灌韩传第二十二》，中华书局1962年版，第12380页。

② （汉）班固撰，（唐）颜师古注：《汉书》卷6《武帝纪第六》，中华书局1962年版，第94、104页。

第三，"北阙上书"或"公车上书"。这种选拔可视为征召制的一种形式，其特点是被选者首先上书，由皇帝和有关人员审阅上书内容后，经选择再由皇帝召见而后授予官职。这与皇帝首先提出征召的形式是有区别的。所谓"北阙上书"是在宫殿北边的门楼上上书。《汉书·高帝纪》载"萧何治未央宫，立东阙、北阙、前殿、武库、大仓"①。上书、奏事、谒见之徒皆诣北阙，这就是"北阙上书"的来历。枚皋就是先在"北阙上书"之后才被汉武帝召见的。这种上书有时又称作"公车上书"，上书者由公车司马接待、管理，因此，从管理上书的机构看可以说是"公车上书"。朱买臣也曾"诣阙上书，书久不报，待诏公车"，后严助荐，被武帝召见，为中大夫。主父偃也曾"上书阙下，朝奏，暮召入见，所言九事，其八事为律令"②。《史记·滑稽列传》载东方朔的事迹说："朔初入长安，至公车上书，凡用三千奏牍。公车令两人共持举其书，仅然能胜之。人主从上方读之……读之二月乃尽。"③东方朔这次上书，用了三千片竹简，公车令二人才搬动举起，汉武帝读了两个月才读完。看来，汉武帝对通过

①　（汉）班固撰，（唐）颜师古注：《汉书》卷 1 下《商帝纪第一下》，中华书局 1962 年版，第 64 页。

②　（汉）班固撰，（唐）颜师古注：《汉书》卷 64 上《严朱吾丘主父徐严终王灵传第三十四上》，中华书局 1962 年版，第 2791、2798 页。

③　（汉）司马迁撰：《史记》卷 126《滑稽列传第六十六》，中华书局 1982 年版，第 3205 页。

"北阙上书"或"公车上书"选拔人才制度是认真推行的。通过这一途径选拔的主父偃、朱买臣、东方朔等人在当时的政治、文化生活中都起了一定作用。

第四，太学养士与选士制。通过学校培养而选拔官吏的制度是汉武帝时正式建立的。太学（国立大学）设五经博士，博士教授学生，学生分两部分：一部分是由太常选送的，另一部分是由地方郡、国选送。学生毕业后，按学习成绩优劣，分配到有关机构工作。这一制度在武帝时规模不大，但发展到后来规模逐步扩大，对政治生活、文化生活影响巨大。

第五，任子制。任子制是关于二千石以上的高级官员子弟为郎的规定。二千石以上的高官不仅可任子为郎，并且还规定，任职满三年者"得任同产（同母兄弟）若子一人为郎"①，也就是说任子外还可任一位同母兄弟为郎。这一制度武帝时还实行着，如苏武，因其父苏建从大将军卫青击匈奴有功，封平陵侯，后为代郡太守，苏武兄弟三人"并为郎"；再如霍光因其兄霍去病任为郎。这种任子制度与西周的世官制有别，西周时的世卿世禄制规定父死子继，嫡子继承父亲生前的官职。任子制是高级官员可以任自己的儿子和一个兄弟为郎，充任皇帝侍从，经皇帝考察再据其才干、功绩任官。经皇帝考察、任用，并不是所有二千石为郎的子弟都可提拔

---

① （宋）徐天麟撰：《西汉会要》倦45《选举下·任子》，中华书局1955年第1版，第463页。

为高官的。事实证明，任子制也可以选拔出优秀人才，如苏武、霍光都是当时的杰出人才。

第六，资选制与纳资制。资选制是据家庭财产多少而选官的制度，而所谓纳资制是有产人家向政府纳钱，政府赏给官职。汉武帝前已经有之，武帝继续采用。以"纳资"方式为官有成就者如桑弘羊、卜式、张释之等人。

第七，卖官制。汉武帝时，由于连年战争，府库益虚，财政困难，这使由"纳资"当官，变为赤裸裸的卖官鬻爵。汉武帝卖官的目的是为了增加国家的财政收入，让富人用钱换官，其结果，虚设滥设官职，导致官吏大量增加，并使汉初以来不能当官的商人大量当官，加入官僚集团。这样，便形成了官僚、地主、商人三位一体的政治利益集团。①

综上可见，汉武帝适应形势发展的需要，通过多途径、多渠道选拔了大量出身不同、才能与性格各异的官吏，并经试用、考察任用为中央和地方的长官，基本上满足了当时治理国家多方面的需要。这中间有成功的经验，也有发人深思的教训，其中的得失值得认真研究与总结。

---

① 参见杨生民著：《汉武帝传》，人民出版社 2001 年版，第 130—137 页。

第五章　实行中外朝制度

　　西汉初期，丞相权大，经常与皇权发生矛盾。丞相的职权主要有：选用官吏之权、劾案百官与执行处罚之权、主管郡国上计与考课之权、总领百官朝议与奏事之权、封驳与谏诤之权等。其职权简直是无所不统、无所不包。相权与皇权此消彼长。面对相权的膨胀，皇帝倘若要想有所作为，就必须加强皇权，打击、削弱丞相的权势。至汉武帝时，为抑制相权，设立中朝，从此汉帝国形成了中、外朝并存的权力格局。中朝设立后，丞相的权力、作用大大下降。后经西汉后期至东汉时期的发展，中朝逐步取代了以丞相为首的外朝的职权。

一、皇权与相权的矛盾

汉初承秦制，丞相为"百官之长"，掌握行政实权，权力甚大。秦朝至西汉前期，丞相不但权位既重，礼遇亦隆。凡位居相位者多为列侯，"高帝即位，置一丞相，十一年更名相国，绿绶。孝惠、高后置左右丞相，文帝二年复置一丞相。"[①]汉高帝刘邦及吕后统治时期，皇权尚能驾驭操纵相权。然文帝即位后，形势发生了变化。萧何、曹参、王陵、陈平、周勃、灌婴等任丞相者，都是佐刘邦打天下立基业的功臣，惠帝、文帝是他们的子侄辈，所以丞相的地位、作用大为提高。尤其是从文帝开始，功臣集团盘踞朝野、气焰熏天，在这种形势下，皇权自然遭到了削弱。

西汉初年，由于丞相地位重要，朝廷对其礼遇亦十分优厚。如刘邦特赐萧何"入朝不趋，奏事不名"[②]等，丞相晋见皇帝时，"御坐为起，在舆为下"[③]。据《汉旧仪》载：皇帝在道，丞相迎见，皇帝要下车还礼后再上车走。谒者（掌宾赞受事礼官）要赞称曰："皇帝为丞相下舆。"皇帝如见丞

---

① （汉）班固撰，（唐）颜师古注：《汉书》卷19上《百官公卿表第七上》，中华书局1962年版，第724页。

② （汉）班固撰，（唐）颜师古注：《汉书》卷99上《王莽传第六十九上》，中华书局1962年版，第4061页。

③ （汉）班固撰，（唐）颜师古注：《汉书》卷84《翟方进传第五十四》，中华书局1962年版，第3414页。

相，也要起立而后坐。谒者要赞称曰："皇帝为丞相起。""丞相有疾，皇帝法驾亲至问疾……即薨……车驾往吊，赠棺、敛具、赐钱，葬地。葬日，公卿以下会葬焉。"① 丞相即使犯罪，也依"将相不辱"和"将相不对理陈冤"② 的习惯，不出庭接受审问，而是由皇帝示意自裁。这样是为表示皇帝对丞相的礼遇、尊重。在这种情况下，丞相的独立性相对增强。由于丞相位尊权大，因而与君权的冲突就成为必然之势。继萧何为相的曹参，不向皇帝报告有关政事，汉惠帝的作用似乎只是听从丞相的安排。吕后集团诛灭后，功臣集团甚至拥有了推选皇帝人选的决定权。

汉文帝即位之初的国内形势，可谓相当严峻。对此，钱穆曾谈过他自己的看法："特文帝以代王入主中朝，诸王在外者，非其长兄，则其伯叔父。廷臣皆高祖时功臣，封侯为相，世袭相承。文帝即由廷臣所立，强弱之势，难于骤变。其时汉中朝之政令，既不能行于王国，而汉帝威权，亦不能大伸于中朝功臣之上。"③ 而文帝本人也曾言及于此，自称"朕能任衣冠，念不到此。会吕氏之乱，功臣宗室共不羞耻，误居

---

① （汉）班固撰，（唐）颜师古注：《汉书》卷84《翟方进传第五十四》，中华书局1962年版，第3424页。

② （汉）班固撰，（唐）颜师古注：《汉书》卷86《何武王嘉师丹传第五十六》，中华书局1962年版，第3500页。

③ 钱穆著：《秦汉史》，九州出版社2015年版，第63页。

正位，常战战慄慄，恐事之不终"①。汉文帝之所以如此战战兢兢，主要还是因为功臣集团控制了朝政的缘故。

当时，以陈平、周勃为首的功臣集团在诛灭吕氏外戚之后，几乎完全控制了朝政。不但文帝之践位，全赖功臣之力，而且当时汉廷之三公九卿、王国丞相、郡守之位也大多为他们所掌控。当时，丞相的职权主要有：（1）选用官吏之权；（2）劾案百官与执行处罚之权；（3）主管郡国上计与考课之权；（4）总领百官朝议与奏事之权；（5）封驳与谏诤之权。其职权可谓无所不统、无所不包，上自天时、下至人事，都是丞相的职责范围。②也唯其如此，倘若要加强皇权，首先就必须打击、削弱丞相的权势，进而削弱整个功臣集团的势力。

据司马迁在《史记》中记载，当汉文帝逐渐熟悉国政后，开始对以周勃、陈平为首的功臣集团不满起来，削弱相权，强化皇权成为必然之势。于是，汉文帝在统治初步稳固下来后，就开始找借口裁抑宰相周勃、陈平等人。

> 孝文帝立，以为太尉勃亲以兵诛吕氏，功多；陈平欲让勃尊位，乃谢病。孝文帝初立，怪平病，问之。平曰："高祖时，勃功不如臣平。及诛诸吕，臣功亦不如勃。愿以右丞相让勃。"于是孝文帝乃以绛侯勃为右丞相，位次第一；平

---

① （汉）司马迁撰：《史记》卷25《律书第三》，中华书局1982年版，第1242页。
② 参见安作璋、熊铁基著：《秦汉官制史稿》，齐鲁书社1984年版，第30—33页。

徙为左丞相，位次第二。赐平金千斤，益封三千户。

居顷之，孝文皇帝既益明习国家事，朝而问右丞相勃曰："天下一岁决狱几何？"勃谢曰："不知。"问："天下一岁钱谷出入几何？"勃又谢不知，汗出沾背，愧不能对。于是上亦问左丞相平。平曰："有主者。"上曰："主者谓谁？"平曰："陛下即问决狱，责廷尉；问钱谷，责治粟内史。"上曰："苟各有主者，而君所主者何事也？"平谢曰："主臣！陛下不知其驽下，使待罪宰相。宰相者，上佐天子理阴阳，顺四时，下育万物之宜，外镇抚四夷诸侯，内亲附百姓，使卿大夫各得任其职焉。"孝文帝乃称善。右丞相大惭，出而让陈平曰："君独不素教我对！"陈平笑曰："君居其位，不知其任邪？且陛下即问长安中盗贼数，君欲强对邪？"于是绛侯自知其能不如平远矣。居顷之，绛侯谢病请免相，陈平专为一丞相。[①]

在第一回合斗争胜利后，文帝元年（公元前179年）十月，文帝又将右丞相陈平徙为左丞相，而以太尉周勃为右丞相。这是因为，在诛诸吕的斗争中，虽然冲锋陷阵的是周勃，但在幕后操作策划的却是陈平，对此，文帝不可能不知情，其之所以将陈平左迁，改由"木强敦厚"的周勃主政，实有防范陈平之意。文帝初期丞相权力虽然很大，但周勃、陈平

---

① （汉）司马迁撰：《史记》卷56《陈丞相世家第二十六》，中华书局1982年版，第2061页。

二人不和，汉文帝遂利用二人之间的矛盾，对丞相权力进行牵制，从而达到巩固皇权的效果。不过，周勃虽然比较容易控制，却终究并非代臣，故并不为文帝所信任，并最终因此罢相就国，《史记·绛侯周勃世家》载其事说：

> 文帝既立，以勃为右丞相，赐金五千斤，食邑万户。居月余，人或说勃曰："君既诛诸吕，立代王，威震天下，而君受厚赏，处尊位，以宠，久之即祸及身矣。"勃惧，亦自危，乃谢请归相印。上许之。岁余，丞相平卒，上复以勃为丞相。十余月，上曰："前日吾诏列侯就国，或未能行，丞相吾所重，其率先之。"乃免相就国。①

陈平、周勃是推翻吕氏政权的关键人物，他们所主导的政变之所以能够取得成功，实与列侯们居于京城之中，能够互相联络串通有很大的关系。对于文帝来说，假如列侯皆能离京就国，不但诸吕之变重演的可能将会消除，宫廷皇权也可以因此得到安定，更为重要的意义则是，借此可以抑制过于膨胀的功臣集团势力，有利于新政局的平衡和稳定。不过，汉初丞相权重的形势仍然存在。

汉景帝时，窦太后期望封皇后的哥哥王信为侯，汉景帝当即表示："请得与丞相计之。"于是与丞相周亚夫商议，周亚

---

① （汉）司马迁撰：《史记》卷57《绛侯周勃世家第二十七》，中华书局1982年版，第2072页。

夫以高帝刘邦"非有功，不得侯"①的预先约定予以了坚定的拒绝。汉景帝默然而有沮丧之色，于此可见当时相权之重。

如果说惠帝、文帝时的丞相是开国功臣的话，那么汉武帝即位后最初任命的两位丞相却是"贵戚"。第一位是太皇窦太后的侄儿窦婴，做丞相几个月就被窦太后免职；第二位是建元六年（公元前134年）窦太后去世后为丞相的武安侯田蚡，田蚡是王太后的同母弟、武帝的舅父。汉武帝这时还是个涉世不深的二十多岁的青年，所以田蚡根本不把武帝放在眼里，在这种情况下，相权与皇权就发生了尖锐的矛盾。据《史记·魏其武安侯列传》记载：

> 武安侯虽不任职，以王太后故，亲幸，数言事多效，天下吏士趋势利者，皆去魏其归武安。武安日益横。建元六年，窦太后崩，丞相昌、御史大夫青翟坐丧事不办，免。以武安侯蚡为丞相，以大司农韩安国为御史大夫。天下士郡国诸侯愈益附武安。

> 武安者，貌侵，生贵甚。又以为诸侯王多长，上初即位，富于春秋，蚡以肺腑为京师相，非痛折节以礼诎之，天下不肃。当是时，丞相入奏事，坐语移日，所言皆听。荐人或起家至二千石，权移主上。上乃曰："君除吏已尽未？吾亦欲除吏。"尝请考工地益宅，上怒曰："君何不遂取武库！"

---

① （汉）司马迁撰：《史记》卷40《张陈王周传第十》，中华书局1982年版，第2060页。

是后乃退。尝召客饮，坐其兄盖侯南乡，自坐东乡，以为汉相尊，不可以兄故私桡。武安由此滋骄，治宅甲诸第。田园极膏腴，而市买郡县器物相属于道。前堂罗钟鼓，立曲旃；后房妇女以百数。诸侯奉金玉狗马玩好，不可胜数。[①]

从上述这段史料可知，汉武帝初期，丞相田蚡权势极大，汉武帝不得不对他言听计从。他所举荐的人，有的一起家就升至二千石的职位，权力几乎都从皇帝那儿转移到了他的掌中。皇帝还要和他商量说：你委任的人委任完了没有？我也想要委任一些官呢。可见当时丞相的权力之大。

最令汉武帝不快的是，无论是田蚡那样"贵戚"出身骄横不可一世的丞相，还是出身平民小心谨慎的公孙弘那样的丞相，都和汉武帝有不少分歧。产生分歧的原因是复杂的，但其中一个重要的原因是丞相对武帝的进取精神很不理解，汉武帝所想和所要干的事情，是一些丞相连想也不敢想的。因此，为贯彻自己的意图，汉武帝就必须抑制相权。

二、中外朝制度的出现

为了抑制相权，汉武帝起初所采用的办法，就是通过自

---

① （汉）司马迁撰：《史记》卷107《魏其武安侯列传第四十七》，中华书局1982年版，第2843—2844页。

己罗致在左右的如严助等人与丞相等外朝大臣辩论，使其理屈词穷或认错。这就是最初中、外朝出现的原因。关于这一点，《汉书·严助传》上有明确的记载：

> 是时，征伐四夷，开置边郡，军旅数发，内改制度，朝廷多事，娄举贤良文学之士。公孙弘起徒步，数年至丞相，开东阁，延贤人与谋议，朝觐奏事，因言国家便宜。上令助等大臣辩论，中外相应以义理之文，大臣数诎，其尤亲幸者：东方朔、枚皋、严助、吾丘寿王、司马相如。相如常称疾避事。朔、皋不根持论，上颇徘优畜之，唯助与寿王见任用，而助最先进。①

这一记载说明，汉武帝即位之后"征伐四夷""内改制度""朝廷多事"，因此遭到丞相等重要官员的阻挠，遂引延"贤人谋议"，"令助等与大臣辩论，中外相应以义理之文，大臣数诎。"这里的"中"，是指汉武帝引请来的亲信左右，如严助、东方朔、枚皋、吾丘寿王、主父偃、朱买臣等人；"外"指以丞相为首的"公卿大夫"。这就是中、外朝最初出现的背景、原因和情况。从有关记载可以看出，中、外朝的辩论主要有以下几次。

建元三年（公元前 138 年），闽越（今福州一带）举兵

---

① （汉）班固撰，（唐）颜师古注：《汉书》卷 64 上《严朱吾丘主父徐严终王灵传第三十四上》，中华书局 1962 年版，第 2775 页。

围东瓯（今浙江温州一带），东瓯向中央政府告急。汉武帝问曾任太尉的田蚡怎么办。田蚡认为越人互相攻击是常事，又反复无常，不值得汉军前往相救，并说东瓯是秦时已经放弃了的地方。其时中大夫、侍中严助反问田蚡：如果有力量救助，德又能覆载，为何要放弃呢？况且秦朝连咸阳一起把全国都放弃了，岂止放弃越地！今小国来告急，天子不管，又怎能臣属万国呢？武帝私下对严助说："太尉不足与计，吾新即位，不欲出虎符发兵郡国。"① 于是派遣严助持节发会稽兵，会稽太守拒绝，严助斩一司马，以天子意旨晓喻，遂发兵救东瓯，还未赶到，闽越就退兵走了。

元朔二年（公元前 127 年），卫青取河南地，曾为郎中、谒者、中郎、中大夫的主父偃建议筑朔方城，此乃"内省转输戍漕，广中国，灭胡之本也"。汉武帝以此建议"下公卿议，皆言不便"②，其时任御史大夫的公孙弘"数谏，以为罢弊中国以奉无用之地，愿罢之"。武帝令中大夫、侍中等人诘难公孙弘专言"置朔方之便"，其中讲了筑朔方城的十条利害，公孙弘无一应对。公孙弘认错说"山东鄙人，不知其便

① （汉）班固撰，（唐）颜师古注：《汉书》卷 64 上《严朱吾丘主父徐严终王灵传第三十四上》，中华书局 1962 年版，第 2776 页。
② （汉）班固撰，（唐）颜师古注：《汉书》卷 64 上《严朱吾丘主父徐严终王灵传第三十四上》，中华书局 1962 年版，第 2803 页。

若是"①。事实证明，年徙十余万人筑朔方城，是后来向西北边郡大徙民的开始，此举既可阻止匈奴南犯又为反击匈奴提供了前方基地，对稳定北方形势有举足轻重的作用。

吾丘寿王曾先后任侍中、中郎、郎、东郡都尉、光禄大夫、侍中等。丞相公孙弘有个令"民不得挟弓弩"的建议，其理由是：十贼张弓搭箭，百吏不敢向前，此盗贼之不常伏罪、逃走者众的原因。让民不能挟带弓弩是害少而利多，让民挟带弓弩实是盗贼繁多的重要原因。汉武帝把这一建议下达，让群臣讨论，吾丘寿王指出：古代制作矛、戟、弓、剑、戈五种兵器是为了"禁暴讨邪"。现在"盗贼犹有者……非挟弓弩之过也"。孔子曰："吾何执，执射乎？"古代有"大射之礼，自天子降及庶人，三代之道也……愚闻圣王合射以明教矣，未闻弓矢之为禁也。"臣以为如果禁民挟弓矢，会发生良民挟弓弩为自卫而无法，这岂不是专门让盗贼威风而夺民众自救之路吗？所以"民不得挟弓弩"的建议"无益于禁奸，而废先王之典，使学者不得习行其礼，大不便"。吾丘寿王书奏上后，武帝以此"难丞相弘"②，公孙弘理屈词穷而服焉。

终军，济南人。少好学，以辩博、能属文闻名于郡，十八

————————

① （汉）班固撰，（唐）颜师古注：《汉书》卷58《公孙弘卜式兒宽传第二十八》，中华书局1962年版，第2819页。

② （汉）班固撰，（唐）颜师古注：《汉书》卷64上《严朱吾丘主父徐严终王灵传第三十四上》，中华书局1962年版，第2796—2797页。

岁选为博士弟子，至长安上书言事，被武帝拜为"谒者给事中"。元狩四年（公元前119年）置盐铁官，推行盐铁专卖。元鼎元年（公元前116年），博士徐偃巡行郡国时，"矫制"即假托皇帝制诏，"使胶东、鲁国鼓铸盐铁，还，奏事，徙为太常丞。"御史大夫张汤弹劾徐"偃矫制"，应依法处死，偃以《春秋》之义，"大夫出疆，有可以安社稷，存万民，颛之可也"为名，认为自己无罪。狱吏出身的张汤，驳不倒徐偃的理由。武帝下诏让终军问理此案，终军责问徐偃：其一，古代诸侯国异风俗不同，百里不通，所以聘会之事、安危之势，顷刻可以出现变故，因此使者可不受王命，有专断之宜，现在天下为一，万里同风，《春秋》说"王者无外"，你巡行在封域之中，却称"出疆"，这是为什么呢？其二，从盐铁方面讲，郡中都有蓄积，你在胶东、鲁两个封国中废除盐铁专卖，对整个国家利害没什么影响，而你竟然把这说成是"安社稷、存万民"的举措，这是为什么呢？终军最后指出：徐偃假托皇帝制诏，擅作威福，沽名钓誉，这是圣明的君主"所必加诛"的。徐偃理屈词穷，自认"服罪当死"[1]。汉武帝认为终军责问得好，并诏有关机构治偃罪。[2]

以上是汉武帝任用亲信左右处理政务的几个事例。在这

---

[1] （汉）班固撰，（唐）颜师古注：《汉书》卷64下《严朱吾丘主父严终王贾传第三十四下》，中华书局1962年版，第2817—2818页。

[2] 参见杨生民著：《汉武帝传》，人民出版社2001年版，第138—143页。

一过程中，中外朝的区分已经出现，武帝利用中朝职禄低的亲信左右，抑制以丞相为首的外朝公卿大夫的权力，贯彻自己的意图，加强皇权，这是当时形势使然。

所谓中朝，是皇帝亲信左右、侍中、尚书等组成的参谋、决策机构。这一机构直接受皇帝指挥，体现着皇帝治国理政的政治意图。

所谓外朝，是以丞相为首的三公九卿组成的行政办事机构。

汉代从中朝设立后，丞相的作用、权力大大下降。

> 相国、丞相，皆秦官，金印紫绶，掌丞天子助理万机。秦有左右，高帝即位，置一丞相，十一年更名相国，绿绶。孝惠、高后置左右丞相，文帝二年复置一丞相。有两长史，秩千石。哀帝元寿二年更名大司徒。武帝元狩五年初置司直，秩比二千石，掌佐丞相举不法。[①]

"中朝"又称"内朝"，由皇帝左右的亲信和近臣所构成。重要政事，"中朝"在宫廷之内就先自作出决策。

将军是秦汉时期高级武官的统称，名目繁多，其地位类似文官中的诸卿，最尊贵的首推大将军。高帝时的韩信、景帝时的窦婴、武帝时的卫青，是最早荣膺这个头衔的 3 个人。

---

① （汉）班固撰，（唐）颜师古注：《汉书》卷 19 上《百官公卿表第七上》，中华书局 1962 年版，第 724 页。

武帝时，在大将军前又冠大司马，卫青为第一任大司马大将军，霍去病为大司马骠骑将军。此后，大司马大将军、大司马车骑将军就成为与丞相相当甚至超过丞相的高级官吏。西汉的几个大将军如卫青、霍光、王凤、王根、王莽，地位均在丞相以上。①

尚书，本来是皇帝身边掌管文书的官员。"中朝"形成之后，尚书的地位日益重要。尚书和一般仅仅参与宫廷议政的官员不同，由于既有官署、官属，又有具体的职司，作为皇帝的秘书机构，在"中朝"逐渐居于核心地位，不断侵夺以丞相为首的中央政府的职权，如选举、任用、考课官吏之权，武帝以前在丞相、御史二府，在武帝以后就归尚书所有。

不仅如此，武帝还亲手插手丞相的职权。如主管郡国上计和考课，并且根据官吏的政绩，奏行赏罚，本是丞相的主要职责之一。然而在汉武帝时代，却有皇帝亲自接受"上计"的情形。据《汉书·武帝纪》记载，元封五年（公元前106年）春三月，汉武帝曾经东巡至于泰山，接受诸侯王列侯朝贺，"受郡国计"。太初元年（公元前104年），又曾经"受计于甘泉"。汉武帝直接"受计"，说明当时汉武帝已经牢牢把握了对各地诸郡国的控制权。②

---

① 参见白钢主编、孟祥才著：《中国政治制度通史》第三卷，秦汉，人民出版社1996年版，第174页。

② 参见齐涛主编，王之今著：《中国政治通史》第三卷，《走向大一统的秦汉政治》，泰山出版社2003年版，第120—121页。

为了削弱相权,汉武帝还曾经有设置左右二丞相的意图。征和二年（公元前 91 年）,他任命刘屈氂为左丞相,颁布诏书,宣布分丞相官署为两府,以期待天下合适的人选。这·后来未曾实行的分设左右丞相的设想,其主要出发点显然也是为了分弱相权。汉武帝还特意从身份低微的士人中破格选用人才,担任参与国家政治中枢主要决策的侍中、常侍、给事中等职,让他们能够出入宫禁、随侍左右、顾问应对,参议要政。这些成为近臣的官员,身份相当于皇帝的宾客和幕僚。皇帝亲自任命和直接指挥的高级将领,也往往参议机要。大司马大将军卫青、大司马骠骑将军霍去病等,权势都超过丞相,又兼以"侍中"之职,具有了参与宫廷重要决策的特殊地位。于是,丞相、御史大夫和九卿所构成的官僚机构"外朝"相对应的"中朝"得以形成。中外朝制度的出现,是汉代中央行政机构的一个重要变化,反映了皇权在与相权的博弈中稳居上风,也体现了汉帝国中央集权的进一步加强。

总之,汉武帝时中朝官员主要是由皇帝的亲信左右以及处理日常行政事务的尚书台与中书令所组成。一部分是尚书台有关人员负责收发、保管、评议有关机要文书,分类整理提出意见,供皇帝使用、审决后,交执行机构办理;另一部分是武帝从郎、大夫、公卿中选出的,并通过加官侍中、给事中、中常侍等称号形成的亲信左右,这部人的职责是出纳王命,通过诘难丞相等公卿大臣和直接被委派为使臣处理有关问题,贯彻皇帝的意图。中朝的设置,大大加强了皇权对国家各方面的控制。

三、汉武帝时丞相生态

汉武帝成年亲自主持政务之后，有意改变丞相位尊而权重的传统。他频繁任免丞相，在位五十四年间，先后用相十三人。

汉武帝时丞相概况一览表：①

姓 名	上任时间	离职时间	任 期	封爵	离职原因
卫绾	景帝后元年（前143年）八月	武帝建元元年（前140年）六月	二年零十个月	建陵侯	免职
窦婴	建元元年六月	建元二年（前139年）十月免	一年零四个月	魏其侯	免职后弃市
许昌	建元二年（前139年）三月	建元六年（前135年）六月	三年零三个月	柏至侯	免职
田蚡	建元六年（前135年）六月	元光四年（前131年）三月	三年零九个月	武安侯	薨免非正常死亡
薛泽	元光四年（前131年）五月	元朔五年（前124年）十一月	七年零七个月	平棘侯	免职
公孙弘	元朔五年（前124年）十一月	元狩二年（前121年）三月	二年零四个月	平津侯	薨免正常
李蔡	元狩二年（前121年）三月	元狩五年（前117年）三月	三年	乐安侯	坐盗景帝园堧地，自杀。

① 杨生民著：《汉武帝传》，人民出版社2001年版，第354页。

（续　表）

姓　名	上任时间	离职时间	任　期	封爵	离职原因
庄（严）青翟	元狩五年（前117年）四月	元鼎二年（前115年）十二月	二年零八个月	武强侯	下狱自杀
赵周	元鼎二年二月	元鼎五年（前112年）九月	三年零七个月	商陵侯	下狱自杀
石庆	元鼎五年九月	太初二年（前103年）正月	九年零三个月	牧丘侯	薨免正常
公孙贺	太初二年正月月闰	征和二年（前91年）正月	十一年	葛绎侯	下狱死，全家族
刘屈氂	征和二年正月	征和三年（前90年）六月	一年零六个月	澎侯	下狱腰斩妻枭首
车千秋	征和四年（前89年）六月	昭帝元凤四年（前77）正月	十一年零六个月	富民侯	薨免正常

　　从上表中可以看出，汉武帝时十三位丞相中，除一人在武帝死后留任丞相外，其他十二位丞相中，被免职的五位，五人因犯罪自杀和下狱治罪。被免职的人中，有两位也属非正常死亡：一位是窦婴先被免职后又被弃市，另一位是武帝的舅父田蚡，被惊吓患神经分裂症而死，也属非正常死亡。十二位丞相中，七位属非正常死亡，比例是很高的。受到严厉处置的政府高层官员数量如此之多，密度如此之大，在历史上是空前的。因此，考察汉武帝时丞相的生态，实为汉武帝处理政治事务之重要一部分。这些丞相中有的任职长达11年多，有的仅有短短1年多。尤其值得注意的是，有的丞相虽职高位显，却没有什么事迹可述，这也是武帝时丞相的特点之一。

总之，随着中朝的出现，以丞相为首的外朝地位逐步下降，以致最后不仅无法作为，甚至到了朝不保夕的地步。《汉书·公孙弘传》说，公孙弘为相后"李蔡、严青翟、赵周、石庆、公孙贺、刘屈氂继踵为丞相。自蔡至庆，丞相府客馆丘墟而已，至贺、屈氂时坏以为马厩、车库、奴婢室矣"①。这说明汉武帝时，丞相的地位已大大下降，不仅过去对丞相的礼遇不见了，而且经常当面遭到皇帝斥责，动辄治罪。不少丞相在位时被处死，致使很多臣子视丞相为畏途。昭帝时，霍光以大将军录尚书事，前后两任丞相杨敞和车千秋在他面前奉命唯谨。百官之首的丞相完全失去了昔日的威风。成帝时，正式置三公官，将丞相之权一分为三。哀帝时，改丞相为大司徒。东汉光武帝时，尚书台正式变成最高的权力机构。后经西汉后期至东汉的发展，中朝逐步取代了以丞相为首的外朝的职权，成为影响国家政治决策取向的主要机构。这之后，丞相就变成徒有虚名、有职无权的闲散官员。秦和西汉前期的丞相制度至此实际上已不复存在了。秦朝到东汉400多年间丞相制度的变化，透出的是皇权不断强化的信息，而这正是中国君权社会中央集权的行政体制在发展过程中所展现的必然规律，这一规律在以后的历史上仍然不断重复。

---

① （汉）班固撰，（唐）颜师古注：《汉书》卷58《公孙弘卜式兒宽传第二十八》，中华书局1962年版，第2623页。

第六章　改革监察制度

　　西汉初期，监察由最高行政长官丞相、御史大夫（副丞相）负责。汉武帝时对监察制度进行改革，设置司隶校尉与十三部刺史制度。改革后的监察制度，司隶校尉可监察丞相、丞相督司直、司直督刺史、刺史督二千石下至黑绶，然司隶校尉又受御史中丞的督察，充分体现了权力之间互相制约的关系。通过对监察制度的改革，汉武帝将全国监察大权集于一身，从而大大强化了中央集权为特征的皇权统治。

一、西汉初期监察制度的演变

秦及西汉初期，监察由最高行政长官丞相、御史大夫（副丞相）负责。丞相而外，御史大夫是中央最高监察官员，既掌管监察，又担任副丞相，这样的地位既便于协助丞相处理政务，又便于对以丞相为首的百官实施监督。在组织上，御史大夫设府，与丞相府合称"二府"，共同管理国家政务，凡遇军国大事，朝廷总是同下二府，令其会商解决。从国家机器的职能分工角度看，这时的监察权和行政权胶着在一起，副丞相的身份使御史大夫也受丞相的统制，并未成为独立于行政之外的政治实体。

1. 丞相在监察方面的作用

汉高帝即位后置丞相，汉高帝十一年（公元前196年）更名为相国。相国拥有很大的监察权。如秦王朝置"监御史"，是监察地方政府的专职官吏。"监御史，秦官，掌监郡。汉省，丞相遣史分刺州，不常置。"①汉高帝不设"监御史"监察地方，然而却常常根据实际情况的需要，由"丞相遣史分刺州，不常置"②，即临时派遣丞相史监察地方州郡。至惠帝

---

① （汉）班固撰，（唐）颜师古注：《汉书》卷19上《百官公卿表第七上》，中华书局1962年版，第741页。

② 王云度撰著：《秦汉史编年》中卷《公元前106年·汉武帝元封五年》凤凰出版社2011年第1版，第436页。

三年（公元前 192 年），在丞相提议下先在三辅地区，后又在其他州恢复监察御史制度。关于此事，《通典》卷 32《州牧刺史》条载"至惠帝三年，又遣御史监三辅郡，察词讼，所察之事，凡九条，监者二岁更之，常以十月奏事，十二月还监，其后诸州复置监察御史"①。《西汉年纪》卷 331《汉仪》载："惠帝三年相国奏御史监三辅郡，察以九条；察有司讼者、盗贼者、伪铸钱者、恣为奸诈者、论狱不直者。擅兴徭赋不平者、吏不廉者、吏以苛刻故劾无罪者、敢为逾侈及弩十石以上者、作非所当服者，凡九条。"②此处讲的是在"相国"奏事下采取的措施，这九条内容具体。文帝十三年（公元前 167 年），"以御史不奉法，下失其职，乃遣丞相史出刺并督监察御史"③。为了加强丞相在监察方面的作用和力度，武帝元狩五年（公元前 118 年），"初置司直，秩比二千石，掌佐丞相举不法"④。

上述情况表明，从汉初至武帝，丞相这一最高行政长官同时也是负责监察的最高官员，高帝时派丞相史（丞相属吏）

---

① （唐）杜佑撰：《通典》卷 32《职官十四》，王文锦、王永兴、刘俊文、徐庭云、谢方点校，中华书局 1988 年第 1 版，第 884 页。

② （宋）王益之撰：《西汉年纪》卷 3《惠帝》，王根林点校，中华书局 2018 年第 1 版，第 59 页。

③ （唐）杜佑撰：《通典》卷 32《职官十四》，王文锦、王永兴、刘俊文、徐庭云、谢方点校，中华书局 1988 年第 1 版，第 884 页。

④ （汉）班固撰，（唐）颜师古注：《汉书》卷 19 上《百官公卿表第七上》，中华书局 1962 年版，第 725 页。

监察地方，惠帝时派监御史监三辅及地方州郡，文帝时又派丞相史督监察御史，武帝元狩五年公元前 118 年）又设司直，佐丞相举不法，说明丞相在监察方面的重要作用。

2. 御史大夫在监察方面的作用

御史大夫，"掌副丞相"。作为副丞相，虽非专职监察官，但也有负责监察百官的任务，这表现在两方面：一是作为副丞相有辅助丞相搞好监察的义务；二是御史大夫的属官中有一个"秩千石"的御史中丞，是专职监察官，其办公地点在宫廷中的兰台，除"掌图籍秘书"外，"外督部刺史，内领侍御史员十五人，受公卿奏事，举劾按章。"[①]御史中丞从其地位来讲，更似皇帝的家臣，有利于皇帝直接掌握和了解情况。其实，御史大夫，也是从战国时国君的侍从、近臣、亲信掌管文书典籍、议定法令传递诏书的御史中逐渐提拔起来的，易于领会、贯彻皇帝的意图，为皇帝所掌握。

从上述情况不难看出，西汉时丞相掌握主要的监察权，下设"秩比二千石"级的专职监察官司直；御史大夫辅助丞相行施监察权，下设"秩千石"级的专职监察官御史中丞。司直的职责是"佐丞相举不法"，御史中丞则是"受公卿奏事，举劾按章"。前者是最高行政长官丞相属下的大员，后者是皇帝的近臣、亲信。二者共掌监察大权正反映了相权与皇

① （汉）班固撰，（唐）颜师古注：《汉书》卷 19 上《百官公卿表第七上》，中华书局 1962 年版，第 725 页。

权互相制约而又协同的关系。西汉初皇帝下诏书时，要交由御史起草，御史大夫审阅，下诏时由御史大夫下相国、相国下诸侯王；御史中执法（御史中丞）下郡守。①

丞相、御史大夫（副丞相）作为当时最高的行政长官，同时又负责监察，说明从汉初到武帝初期监察权从属于行政权，二者没有分离。这就是西汉初期监察制度的特点。

到了西汉后期，成帝、哀帝时御史大夫都曾更名为大司空，位列三公之一。哀帝时的大司空朱博说："高皇帝以圣德受命，建立鸿业，置御史大夫，位次丞相，典正法度，以职相参，总领百官，上下相监临，历载二百年，天下安宁。"②这段话较好地说明了汉代君权制约相权上的权力制衡情况。这也就是说丞相和副丞相关系的变动反映着相权与君权制约而又协同的关系。

二、汉武帝对监察制度的改革

汉武帝时，在丞相下设主管监察的司直，秩比二千石；御史大夫下又有御史中丞，秩千石管监察。皇帝利用两府职

---

① 《汉书·高帝纪》载高帝十一年诏说："御史大夫昌下相国，相国酂侯下诸侯王，御史中执法下郡守。"

② （汉）班固撰，（唐）颜师古注：《汉书》卷83《薛宣朱博传第五十三》，中华书局1962年版，第3405页。

能互相制约来抑制二者权利。应该说，汉武帝设司直完善了行政长官管监察的制度。

　　汉武帝不仅对汉代的监察制度有所完善，而且还有所发展，这主要表现在设置司隶校尉与部刺史制度上面。这两项制度的创立不仅大大强化了监察机制，而且使监察权与行政权相对独立地分离了出来。这不仅完善了汉代的监察制度，也是对中国监察制度史的一大发展。

1. 设置司隶校尉

关于司隶校尉的设置，以下两则史料值得注意：

一则来源于《汉书·百官公卿表上》的记载：

　　司隶校尉，周官，武帝征和四年初置。持节，从中都官徒千二百人，捕巫蛊、督大奸猾。后罢其兵。察三辅、三河、弘农。元帝初元四年去节。成帝元延四年省。绥和二年，哀帝复置，但为司隶，冠进贤冠，属大司空，比司直。①

另外一则是《后汉书·百官志四》的记载：

　　司隶校尉一人，比二千石。本注曰：孝武帝初置，持节，掌察举百官以下，及京师近郡犯法者。元帝去节，成帝省，建武中复置，并领一州。从事史十二人。本注曰：都官

---

　　① （汉）班固撰，（唐）颜师古注：《汉书》卷19上《百官公卿表第七上》，中华书局1962年版，第737页。

从事，主察举百官犯法者。功曹从事，主州选署及众事。别驾从事，校尉行部则奉引，录众事。簿曹从事，主财谷簿书。其有军事，则置兵曹从事，主兵事。其余部郡国从事，每郡国各一人，主督促文书，察举非法，皆州自辟除，故通为百石云。假佐二十五人。本注曰：主簿录阁下事，省文书。门亭长主州正。门功曹书佐主选用。《孝经》师主监试经。《月令》师主时节祠祀。律令师主平法律。簿曹书佐主簿书。其余都官书佐及每郡国，各有典郡书佐一人，各主一郡文书，以郡吏补，岁满一更。司隶所部郡七。①

上述两则史料均较详细地记载了司隶校尉来源、设置时间及职能等问题。但其中一些问题还值得深入解释一下。

司隶校尉原是军官名称，其地位在将军之下。西汉末定其地位"比司直"，也就是说是个"秩比二千石"级的官员。司隶原是周代的官名，《周礼·秋官》负责治安的司寇的属官有司隶，其职责率徒隶捕盗、巡察，是个管治安的官员。司隶校尉的"司隶"之名就是从这里来的。

司隶校尉设置的背景是武帝晚年发生的巫蛊案。所谓巫蛊是巫师用邪术加祸于人，即把木偶人埋在地下，日夜诅咒，可置所咒之人于死地。征和元年（公元前92年）发生丞相公孙贺之子公孙敬声与阳石公主诅咒武帝的巫蛊案，次年又发

---

① （南朝宋）范晔撰，（唐）李贤等注：《后汉书》志第27《百官四》中华书局1965年第1版，第3613页。

生江充诬太子刘据的巫蛊案，导致太子与丞相大战长安，死数万人，皇后、太子自杀。再加上这时社会不稳定，所以汉武帝在征和四年（公元前89年）设立司隶校尉，令其持皇帝赐给的符节带中都官（京师诸官府）徒兵千二百人"捕巫蛊，督大奸猾"。后来罢除所带徒兵，监察三辅（京兆尹、左冯翊、右扶风）、三河（河东郡、河内郡、河南郡）和弘农郡。这样司隶校尉便从最初负有特殊使命的以治安为主的官员转变为监察京畿七郡的监察官员。上引《后汉书·百官志》概括地说明司隶校尉的职能是"察举百官以下，及京师近郡犯法者"。从事实来考察，司隶校尉自设立后，确实可以监察包括丞相在内的所有官吏，用法不避权贵，如成帝时司隶校尉曾两次弹劾丞相、安乐侯匡衡。第一次是因元帝时匡衡与御史大夫甄谭阿从中书令石显，所以成帝初即位时，"司隶校尉王尊劾奏：衡、谭居大臣位，知显等专权势，作威福，为海内患害，不以时白奏行罚，而阿谀曲从，附下罔上，无大臣辅政之义……罪至不道"。成帝赦免了匡衡；第二次是司隶校尉王骏等劾奏匡衡"专地盗土以自益"等，成帝认可，由"丞相免为庶人"①。由此看来，司隶校尉确实可以"察举百官"，"刺举无所避"。东汉时司隶校尉"无所不纠，唯不察三公"②。

---

① （汉）班固撰，（唐）颜师古注：《汉书》卷81《匡张孔马传第五十一》，中华书局1962年版，第3344、3345、3346页。

② （唐）杜佑撰：《通典》卷32《职官十四·州郡上·司隶校尉》，王文锦、王永兴等整理，中华书局1988年第1版，第881页。

设置初期，司隶校尉是直属皇帝的监察、治安官员。由于征和元年公元前92年）丞相公孙贺父子、阳石公主等贵戚都陷入了巫蛊案，次年卫皇后、太子刘据也陷入巫蛊案。于是，征和四年（公元前89年），武帝设司隶校尉，赐给符节，带一千二百徒兵"捕巫蛊，督大奸猾"，自然是不避贵戚、丞相等高官的，因而具有直属皇帝、直接受皇帝指挥的特殊身份。正因为司隶校尉有此特殊身份，所以可以"无所不纠"。然而，也正因如此，司隶校尉的地位就一直处在变化之中，而时撤时离。①

2. 创设十三部刺史

汉武帝在监察制度方面另一创设就是置十三部刺史。

汉武帝元封五年（公元前106年），"初置刺史部十三州"②，"掌奉诏条察州，秩六百石，员十三人。"③设置十三部刺史的目的显然是为了加强中央对地方州郡的监察、控制，以此加强中央集权，这在当时是非常必要的措施。《汉书·地理志》说："秦京师为内史，分天下作三十六郡。汉兴，以其郡太大，稍复开置，又立诸侯王国。武帝开广三边。故自高祖增二十六，文、景各六，武帝二十八，昭帝一，讫于孝

---

① 参见杨生民著：《汉武帝传》，人民出版社2001年版，第149—154页。

② （汉）班固撰，（唐）颜师古注：《汉书》卷6《武帝纪第六》，中华书局1962年版，第197页。

③ （汉）班固撰，（唐）颜师古注：《汉书》卷19上《百官公卿表第七上》，中华书局1962年版，第741页。

平，凡郡国一百三"①，在这些郡国中，从高祖到武帝共增加66 郡国，再加秦原有的 36 郡，总数已达 102 个郡国。管理这样众多的郡国自然事务繁杂、难度大，需要分州、部管理。

一般认为武帝置刺史十三部，加上司隶校尉所辖京畿七郡，共为十四部。其名称和所监郡国数如下：

豫州刺史，监三郡一国：颍川郡、汝南郡、沛郡；梁国。

冀州刺史，监四郡六国：魏郡、巨鹿郡、常山郡、清河郡；广平国、真定国、中山国、信都国、河间国、赵国。

兖州刺史，监五郡三国：东郡、陈留郡、山阳郡、济阴郡、泰山郡；城阳国、淮阳国、东平国。

徐州刺史，监三郡四国：琅玡郡、东海郡、临淮郡；泗水国、楚国、广陵国、鲁国。

青州刺史，监六郡三国：平原郡、千乘郡、济南郡、齐郡、北海郡、东莱郡；胶东国、高密国、菑川国。

荆州刺史，监六郡一国：南阳郡、南郡、江夏郡、桂阳郡、武陵郡、零陵郡；长沙国。

扬州刺史，监五郡一国：庐江郡、九江郡、会稽郡、丹阳郡、豫章郡；六安国。

益州刺史，监八郡：汉中郡、广汉郡、巴郡、蜀郡、犍为郡、越巂郡、牂柯郡、益州郡。

---

① （汉）班固撰，（唐）颜师古注：《汉书》卷 28 下《地理志第八下》，中华书局 1962 年版，第 1639—1640 页。

凉州刺史，监十郡：安定郡、北地郡、陇西郡、武威郡、金城郡、天水郡、武都郡、张掖郡、敦煌郡、酒泉郡。

并州刺史，监六郡：太原郡、上党郡、云中郡、定襄郡、雁门郡、代郡。

幽州刺史，监九郡一国：勃海郡、上谷郡、渔阳郡、右北平郡、辽西郡、辽东郡、涿郡、玄菟郡、乐浪郡；广阳国。

朔方刺史，监四郡：朔方郡、五原郡、西河郡、上郡。

交趾刺史，监七郡：南海郡、郁林郡、苍梧郡、交趾郡、合浦郡、九真郡、日南郡。

司隶校尉，监七郡：京兆尹、左冯翊、右扶风、弘农郡、河东郡、河内郡、河南郡。

上述十三部刺史和司隶校尉所监郡国共 103 个，西汉所辖郡国全在监察之中。

部刺史职权很重，举凡政治、经济、司法、吏治、用人、民事几乎所有领域中的违法乱政现象都在被监察范围之内。除此之外，部刺史尚可直接平案治狱，因其系代表皇帝治狱，故而又称诏狱。《汉书·百官公卿表上》注引《汉官典职仪》，对部刺史所拥有的广泛监察权做了详细的说明：

> 刺史班宣，周行郡国，省察治状，黜陟能否，断治冤狱，以六条问事，非条所问，即不省（察）。
>
> 一条，强宗豪右，田宅逾制，以强凌弱，以众暴寡。
>
> 二条，二千石不奉诏书遵承典制，倍公向私，旁诏守利，侵渔百姓，聚敛为奸。

三条，二千石不恤疑狱，风厉杀人，怒则任刑，喜则淫赏，烦扰刻暴，剥截黎元，为百姓所疾，山崩石裂，妖祥讹言。

四条，二千石选署不平，苟阿所爱，蔽贤宠顽。

五条，二千石子弟恃怙荣势，请托所监。

六条，二千石违公下比，阿附豪强，通行货赂，割损正令也。①

上述六条中，除第一条系监察地方豪强之外，其余五条均是监察二千石。当时，郡国之中的二千石大吏包括：郡守、郡尉（比二千石），诸侯王国中的太傅、丞相（相）、中尉、内史、郎中令、太仆。据此可见汉武帝非常重视对王国二千石大吏的监察，以期防止诸侯王与官吏相勾结，同时用以强化中央集权。

另外，六条问事虽是针对二千石大吏，也同样适用于诸侯王。范文澜说："汉武帝又设刺史官，按六条考察政事，第一条考察豪强，其余五条考察郡守。六条外还有不成文的一条，就是考察国王，有罪状便奏闻，不法的国王因此受到惩罚。"②

汉武帝正是通过建立刺史制度，才组织起全国从中央到地方严密的监察网的。部刺史的职权很重，举凡政治、经济、司法、吏治、用人、民事等几乎所有领域中的违法乱政现象都

---

① （汉）班固撰，（唐）颜师古注：《汉书》卷19上《百官公卿表第七上》，中华书局1962年版，第742页。

② 范文澜著：《中国通史》第二册，人民出版社1978年版，第56页。

在被监察的范围之内，监察内容是按皇帝诏令的内容治狱，对犯法的豪强地主和郡国守、相等二千石级的官员进行罢黜和升迁，以此达到"秩卑而命之尊，官小而权之重，此小大相制，内外相维之意也"①。

此外，还应该注意的是，从武帝设十三部刺史后，御史中丞的地位日渐提高。

杜佑在《通典》卷24《职官典六·中丞》条中说御史中丞"外督部刺史，内领侍御史十五员，受公卿奏事，举劾按章。盖居殿中，察举非法也，及御史大夫转为大司空，而中丞出外为御史台率，即今之（唐朝）御史大夫任也……武帝时以中丞督司隶，司隶督丞相，丞相督司直，司直督刺史，刺史督二千石下至黑绶"，又说至东汉初光武帝时御史中丞"与尚书令、司隶校尉朝会，皆专席而坐，京师号为'三独坐'，言其尊也"②。《通典》这一记载说明从汉武帝时起御史中丞地位逐步提高，武帝时起设司隶校尉可监察丞相，丞相督司直，司直督刺史，刺史督二千石下至黑绶，然司隶校尉又受御史中丞的督察，体现了权力之间互相制约的关系。皇帝借此即可将全国监察大权集于一身，这就大大强化了中央集权的统治。

---

① （清）顾炎武撰，（清）黄汝成集释：《日知录集释》卷9《部刺史》，乐保群点校，中华书局2020年第1版，第475页。

② （唐）杜佑撰：《通典》卷24《职官六·中丞》，王文锦、王永兴等整理，中华书局1988年第1版，第662页。

另外，据《汉书·百官公卿表》记载，成帝绥和元年（公元前 8 年）和哀帝元寿二年（公元前 3 年）曾两次反复把御史大夫改为大司空，改御史中丞为御史长史。这就是把"掌副丞相"的御史大夫改为大司空，而御史中丞改为御史长史就变成了御史台的长官。这也就是说，御史中丞从副丞相御史大夫的隶属下转为独立的最高监察官。这也表示了御史中丞作为专职监察官，从行政权的隶属下，拥有了相对独立的监察权。御史台作为独立的监察机构就是这时出现的。①

总之，汉武帝改革、完善监察制度，大大强化了汉代中央对地方的管理与制约，确实有力地推进了汉皇权的强化。

汉武帝将中央与地方的监察职责进一步细化并集权中央。汉武帝以后，中央对地方的行政监察主要分两个系统进行：一是通过司隶校尉对京辅诸郡的监察，二是通过御史中丞与丞相府的司直相互配合，再经过派出的部刺史对郡国的监察。改革完善监察制度的重要意义表现在：

第一，设置丞相下的监察官司直，完善了汉初丞相、御史大夫最高行政长官负责监察的制度，并强化了丞相、御史大夫两府互相制约的机制。

第二，设置了司隶校尉，强化了对中央百官和京畿地区的监察与治安。

---

① 参见杨生民著：《汉武帝传》，人民出版社 2001 年版，第 154—158 页。

　　第三，设立十三州部刺史，强化了对地方郡国的监察，加强了御史中丞、司隶、司直、部刺史等监察官员之间互相制约的机制。这些监察官的设立和监察制度的完善为汉成帝、哀帝时中央独立监察官的出现创造了条件。

第七章 推行王国郡县化政策

从惠帝、文帝到景帝，汉初皇权与诸侯王的斗争，反映了当时郡国并行制度还不能适应统一国家中央集权政治体制的发展需要，因此需要改革分封制度。文景时期贾谊、晁错提出的"众建诸侯""削藩"之策，就是试图改革不合中央集权需要的封国制度，由于当时条件不成熟，这种改革受阻。景帝平定吴楚七国之乱后，即对汉初的郡国制度进行初步改革，景帝中五年（公元前145年），汉政府"令诸侯王不得复治国，天子为置吏，改丞相曰相，省御史大夫、廷尉、少府、宗正、博士官，大夫、谒者、郎诸官长丞皆损其员"。武帝即位后，又进一步削弱王国的力量，推行推恩令、"左官之律、附益之法""酎金律"等打击王国之法，最终解决了封国对中央政府的离心问题。

一、坚决打击诸侯王叛乱

汉初在实行中央集权的同时，又在地方上实行郡国并行制，以此作为对集权体制的补充。分封制在汉初维护皇权、牵制朝中权臣中曾经发挥过巨大的政治作用，但它毕竟与专制集权制度不能相容，故而从汉初到武帝时期的数代皇帝都在努力调整皇权与王权的统属关系，努力削弱王国势力，以维护中央集权的需要。

汉武帝统治时期，继景帝平灭吴楚之乱后，对诸侯王的叛乱进行了严厉镇压。同时又对一些违法的诸侯王，给予除国等惩处。

汉武帝时期镇压诸侯王谋反事件，主要有以下三次：

（1）淮南王谋反事件。高帝时封赵姬生子刘长为淮南王。文帝即位，刘长因其为文帝弟，骄横不法，"为黄屋盖拟天子，擅为法令，不用汉法"，又"收聚汉诸侯人及有罪亡者"，"谋使闽越及匈奴发其兵"谋反，当处"弃市"，文帝赦其死罪，废王爵，流放蜀郡，至雍，"不食而死"①。文帝前十六年（公元前164年），文帝分淮南国为三，令刘长之子刘安为淮南王、刘赐为庐江王，后徙为衡山王，王江北。

刘安，因其为汉武帝父辈，汉武帝"甚尊重之"。刘安入

---

① （汉）班固撰，（唐）颜师古注：《汉书》卷44《淮南衡山济北王传第十四》，中华书局1962年版，第2141页。

朝，武安侯田蚡对他说："方今上无太子，王亲高皇帝孙，行仁义，天下莫不闻。宫车一日晏驾，非王尚谁立者！"淮南王大喜。刘安平时就"行阴德拊循百姓，流名誉"，又"招致宾客方术之士数千人"制造舆论，此时听说武帝没有儿子，如一旦出事，诸侯必定互相争夺，于是制造军械，加紧准备，等待时机。正在此时，与淮南王太子迁矛盾极深的郎中雷被要求自愿奋击匈奴，此事为太子迁、刘安所反对。按汉律不让奋击匈奴者依法当弃市，武帝下诏不许。公卿又请废王，武帝又不许，又请削五县，武帝只批准削二县。此后，刘安制作皇帝玺、丞相、御史大夫、将军、吏二千石等印，并与太子迁商量准备诱杀中央任命的相、内史、中尉。元狩元年（公元前122年）十一月，深知内情的淮南王亲信自首，告发淮南王谋反。刘安庶孙刘建也因推恩分封未及其父和自己而告发。汉朝官吏逮捕了太子迁、王后及淮南王宾客，搜出谋反证据。"所连引与淮南王谋反列侯二千石、豪杰数千人，皆以罪轻重受诛"。淮南王刘安自杀，"王后荼、太子迁诸所与谋反者皆族"，"国除为九江郡"①。

（2）衡山王谋反事件。衡山王刘赐与其兄刘安"相责望礼节，间不相能"，"闻淮南王作为畔逆反具，亦心结宾客以应之，恐为所并"。武帝元朔六年（公元前123年），刘赐入

---

① （汉）班固撰，（唐）颜师古注：《汉书》卷44《淮南衡山济北王传第十四》，中华书局1962年版，第2146、2145、2152—2153页。

朝觐见时路过淮南，"淮南王乃昆弟语，除前郤，约束反具"。当刘赐听说淮南王要谋反时，怕被吞并，又有种种违法事，所以结宾客，求得一懂兵法观星望气的人，日夜谋划造反。令宾客作车、镞、矢，刻天子玺及将、相、军吏印。衡山王此时又废太子爽，欲立子孝为太子。元狩元年（公元前122年），衡山国太子刘爽使人上书揭发其父意欲谋反，作车、镞、矢等不法事。衡山王也上书反告刘爽不道，当弃市。此时，淮南王谋反事牵连到衡山王，"王闻，即自刭杀"，其子刘孝"自告反"，又"坐与王御婢奸，弃市"，王后、太子爽皆"弃市"。"诸与衡山王谋反者皆族。国除为衡山郡。"①

（3）江都王谋反事件。江都易王刘非为景帝子，孝景前二年（公元前155年）立为汝南王，吴楚七国之乱击吴有功，徙为江都王。刘非死后，其子刘建继位为江都王。刘建淫乱、暴虐，自知罪多，恐诛，心内不安，与王后指使越地女婢咒诅汉武帝早死。元狩二年（公元前121年）知淮南、衡山谋反，作黄屋盖，铸将军、都尉金、银印，收集天下舆地及军阵图，遣人通越繇王闽侯"约有急相助"，"事发觉，汉遣丞相长史与江都相杂案，索得兵器玺绶节反具，有司请捕诛建。""有诏宗正、廷尉即问建。"武帝让臣议其罪，都认为建"所行无道，虽桀纣恶不至于此。天诛所不赦，当以谋

---

① （汉）司马迁撰：《史记》卷118《淮南衡山列传第五十八》，中华书局1982年版，第3095、3097页。

反法诛"。最后，刘建自杀，王后成光等人"皆弃市"。"国除，地入于汉，为广陵郡。"①

除了上述三个封国外，汉武帝时期，其他诸侯王因不法等罪而除国的还有：

（1）刘明的济川国。该国始置于景帝中元六年（公元前144年）五月，武帝建元三年（公元前138年），刘明"坐射杀其中尉，有司请诛，武帝弗忍，废为庶人，徙房陵，国除"②。

（2）刘定国的燕国。燕王刘定国颇为乱伦之事，既"与父康王姬奸"，又"夺弟妻为姬"，甚至"与子女三人奸。"尝"有所欲诛杀臣肥如令郢人，郢人等告定国。定国使谒者以它法劾捕格杀郢人灭口"。时至武帝元朔二年（公元前127年）秋，"郢人昆弟复上书具言定国事"，遂"下公卿"，皆议曰"当诛"，上许之，于是"定国自杀，立四十二年，国除"③。昭帝元凤元年（公元前80年），改为广阳郡。

（3）刘次景的齐国。有关齐国被除之事，《史记·齐悼惠王世家》记载甚详：厉王刘次景母纪太后，"取其弟纪氏女为厉王后。王不爱纪氏女。太后欲其家重宠，令其长女纪翁主入

---

① （汉）班固撰，（唐）颜师古注：《汉书》卷53《景十三王传第二十三》，中华书局1962年版，第2417—2418页。

② （汉）班固撰，（唐）颜师古注：《汉书》卷47《文三王传第十七》，中华书局1962年版，第2213页。

③ （汉）班固撰，（唐）颜师古注：《汉书》卷35《荆燕吴传第五》，中华书局1962年版，第1903页。

王宫，正其后宫，毋令得近王，欲令爱纪氏女。王因与其姊翁主奸……于是天子乃拜主父偃为齐相，且正其事。主父偃既至齐，乃急治王后宫宦者为王通于姊翁主所者，令其辞证皆引王。王年少，惧大罪为吏所执诛，乃饮药自杀。绝无后。"①

（4）刘彭离的济东国。刘彭离与其兄刘明同时受封，武帝元鼎三年（公元前114年）被废，立国29年。史称"彭离骄悍，无人君礼，昏暮私与其奴、亡命少年数十人行剽杀人，取财物以为好。所杀发觉者百余人"，"汉有司请诛，上不忍，废以为庶人，迁上庸，地入于汉，为大河郡"②。

（5）刘勃的常山国。常山宪王刘舜"雅不以棁为子数"，刘勃嗣位之后，"又不收恤棁。棁怨王后及太子。汉使者视宪王丧，棁自言宪王病时，王后、太子不侍，及薨，六日出舍，太子勃私奸、饮酒、博戏、击筑，与女子载驰，环城过市，入狱视囚。天子遣大行骞验问，逮诸证者，王又匿之。吏求捕，勃使人致击笞掠，擅出汉所疑囚。有司请诛勃及宪王后修。上曰：'修素无行，使棁陷之罪。勃无良师傅，不忍致诛。'有司请废勿王，徙王勃以家属处房陵，上许之。勃王

①　（汉）司马迁撰：《史记》卷52《齐悼惠王世家第二十二》，中华书局1982年版，第2007—2008页。

②　（汉）司马迁撰：《史记》卷52《梁孝王世家第二十八》，中华书局1982年版，第2088—2089页。

数月，废，国除"①。

（6）刘宽的济北国。武帝后元二年（公元前87年），刘宽"坐与父式王后光、姬孝儿奸，悖人伦，又祠祭祝诅上，有司请诛。上遣大鸿胪利召王，王以刃自刭死。国除为北安县，属泰山郡"②。

此外，还有四个封国，因无子嗣而国除。

（1）刘乘的清河国。建元五年（公元前136年），刘乘薨，无后，国除。

（2）刘端的胶西国。建元六年（公元前135年），刘端薨，无后。地入于汉，为胶西郡。

（3）刘义的代国。元鼎三年（公元前114年），徙王清河。

（4）刘定的山阳国。元封三年（公元前108年），刘定卒，无子，国除，地入于汉，为山阳郡。

如此，受封于武帝即位之前的诸侯王国总数，从24个减少到武帝末年的12个，即河间、鲁、赵、中山、长沙、广川、胶东、清河、楚、菑川、梁、济阴。这都为改革分封制度提供了历史经验。③

---

① （汉）班固撰，（唐）颜师古注：《汉书》卷53《景十三王传第二十三》，中华书局1962年版，第2434—2435页。

② （汉）班固撰，（唐）颜师古注：《汉书》卷44《淮南衡山济北王传第十四》，中华书局1962年版，第2157页。

③ 参见唐燮军、翁公羽著：《从分治到集权——西汉的王国问题及其解决》，浙江大学出版社2012年版，第242—243页。

二、推行王国郡县化政策

从惠帝、文帝到景帝，汉初皇权与诸侯王的斗争，反映了当时郡国并行制度还不能适应统一国家中央集权政治体制的需要。因此，就需要改革分封制度。前面论及贾谊、晁错提出的"众建诸侯""削藩"就是试图改革当时不合中央集权需要的郡国制度，由于当时条件不成熟，这种改革受阻。景帝平定吴楚七国之乱后，即对汉初的郡国制度进行初步改革，"景帝中五年（公元前145年）令诸侯王不得复治国，天子为置吏，改丞相曰相，省御史大夫、廷尉、少府、宗正、博士官，大夫、谒者、郎诸官长丞皆损其员"④。汉武帝即位后，又进一步从下列几方面对郡国制度进行了改革。

1. 实行推恩分封

景帝采纳晁错的削藩策后直接下令把诸侯王的郡、县划归中央所属，使诸侯王无法接受。平定吴楚七国之乱后，诸侯向主父偃行贿，通过主父偃提出推恩分封的建议，其内容如下：

> 今诸侯或连城数十，地方千里，缓则骄奢易为淫乱，急则阻其强而合从以逆京师。今以法割削，则逆节萌起，前日晁错是也。今诸侯子弟或十数，而适嗣代立，余虽骨肉，

---

④ （汉）班固撰，（唐）颜师古注：《汉书》卷19上《百官公卿表第七上》，中华书局1962年版，第741页。

> 无尺地之封，则仁孝之道不宣。愿陛下令诸侯得推恩分子
> 弟，以地侯之。彼人人喜得所愿，上以德施，实分其国，必
> 稍自销弱矣。①

元朔二年（公元前 127 年）春正月，汉武帝采纳了主父偃的意见，并暗示梁平王襄、城阳顷王延上书愿以封地分子弟，而后下推恩令："诸侯王或欲推私恩分子弟邑者，令各条上，朕且临定其号名。"② 推恩令是由汉武帝下诏而推行的。由于推恩分封的办法照顾到了诸侯王要求把自己的封地封给子弟的愿望，又符合皇权消除诸侯王威胁的需要，为双方乐于接受，所以收到了"藩国始分，而子弟毕侯"③ "不行黜陟，而藩国自析"④ 的效果。在这种情况下，诸侯王国分成了众多小国，对汉中央集权的威胁就被消除。这正如《史记·汉兴以来诸侯王年表》中所说：

> 汉定百年之间，亲属益疏，诸侯或骄奢，怵邪臣计谋
> 为淫乱，大者叛逆，小者不轨于法，以危其命，殒身亡国。

---

①　（汉）班固撰，（唐）颜师古注：《汉书》卷 64 上《严朱吾丘主父徐严终王灵传第三十四下》，中华书局 1962 年版，第 2802 页。

②　（汉）班固撰，（唐）颜师古注：《汉书》卷 15 上《王子侯表上第三上》，中华书局 1962 年版，第 427 页。

③　（汉）班固撰，（唐）颜师古注：《汉书》卷 6《武帝纪第六》，中华书局 1962 年版，第 170 页。

④　（汉）班固撰，（唐）颜师古注：《汉书》卷 14《诸侯王表二》，中华书局 1962 年版，第 395 页。

> 天子观于上古，然后加惠，使诸侯得推恩分子弟国邑，故齐分为七，赵分为六，梁分为五，淮南分三，及天子支庶子为王，王子支庶为侯，百有余焉。吴、楚时，前后诸侯或以適削地，是以燕、代无北边郡，吴、淮南、长沙无南边郡，齐、赵、梁、楚支郡名山陂海咸纳于汉。诸侯稍微，大国不过十余城，小侯不过数十里，上足以奉贡职，下足以供养祭祀，以蕃辅京师。而汉郡八九十，形错诸侯间，犬牙相临，秉其阨塞地利，强本干，弱枝叶之势，尊卑明而万事各得其所矣。

这种状况的出现说明推恩分封之后，诸侯国越分越小，诸侯王国"大国不过十余城"，"小侯不过数十里"，所封的王、侯对汉中央政权已构不成威胁，这说明推恩令是成功的。

2. 推行"左官之律、附益之法"

左官、附益等法律据说在吴楚七国之乱后就已设立，武帝不过加以重申而已。《汉书·高五王传》赞中说："自吴楚诛后，稍夺诸侯权，左官、附益、阿党之法设。"[①] 元狩元年（公元前122年）汉武帝在镇压淮南王、衡山王叛乱之时，又据左官、附益等法对叛乱者严加惩处。《汉书·诸侯王表》有"武有衡山、淮南之谋，作左官之律，设附益之法，诸侯惟

---

① （汉）班固撰，（唐）颜师古注：《汉书》卷38《高五王传第八》，中华书局1962年版，第2002页。

得衣食税租，不与政事"[①]的说法。仕诸侯为左官，所谓"左官之律"，即法律上规定在诸侯那里做官为旁门左道，如果再犯法更要严加惩处；言欲增益诸侯王者为"附益"。在传统官僚制度下，各级官吏都握有一定权力，他们通过联谊、联亲等方式结党营私、朋比为奸，形成了势力大小不等的利益集团，这就造成了对皇权政治的潜在威胁，特别是朝廷官吏交通诸侯王威胁最大。这些相当独立的政治经济力量互相结党，将会造成"支大于干，胫大于股，不折必披"[②]的局面，对中央政权构成威胁，而这种威胁的程度比单纯的诸侯王国的割据、谋反更具危害性，它腐蚀着皇权政治的肌体，使皇权统治存在很大的隐患。对此，尽管景帝在平定七国之乱后采取了一系列措施加以防范，将王国的治国权和治民权收归中央派遣的内史等二千石官吏，但实际上收效并不大，尤其是胶西王刘端、赵敬肃王刘彭祖，为了掌握王国大权，对朝廷派来的二千石官吏阴谋陷害，部分二千石官吏为免遭其毒手，被迫臣服，从而使得中央对王国的控制措施至少在赵、胶西两国成为一纸空文。汉武帝即位后决心改变这一不正常的政治生态局面，刘向《新序》说汉武帝"重附益之法"，所

---

① （汉）班固撰，（唐）颜师古注：《汉书》卷14《诸侯王表二》，中华书局1962年版，第395页。

② （汉）班固撰，（唐）颜师古注：《汉书》卷52《窦田灌韩传第二十二》，中华书局1962年版，第2390页。

谓"附益之法"，就是汉武帝对投靠诸侯王犯上作乱之人的镇压之法。在这些法令的约束下，诸侯王只能"衣食租税，不与政事"，各级官吏也不得与诸侯王相互勾结，朋比为奸。事实表明，汉武帝在穷治淮南、衡山狱案之后，重申"左官律"和"附益法"，以期从人事、经济两端进一步削弱诸侯王国的实力，是取得了明显效果的。

3. 按"酎金律"等法律规定夺爵

汉文帝时，增加了一条法律，就是"酎金律"。据《汉仪注》记载，所谓酎，就是"纯"的意思。所谓酎金，是"侯岁以户口酎黄金于汉庙。皇帝临受献金以助祭。大祀日饮酎，饮酎受金。金少不如斤两，色恶，王削县，侯免国"[1]。武帝时期，虽然通过颁布实施"推恩令"分割、弱化了诸侯王国的实力，但众多的王子侯国及列侯侯国的存在，对汉廷来说仍是地方的不安定因素，特别是在经济上，全国成百的侯国终究要分去国家和皇帝的很大一部分收入，从而严重地影响到国家财政的收入和支出。为此，武帝以"酎金律"对侯国进行夺爵。在贯彻这一法律时，武帝元鼎五年（公元前112年）"列侯坐献黄金酎祭宗庙不如法，夺爵者百六人"[2]。汉

---

① （汉）司马迁撰：《史记》卷30《平准书第八》，中华书局1982年版，第1440页。

② （汉）班固撰，（唐）颜师古注：《汉书》卷6《武帝纪第六》，中华书局1962年版，第187页。

帝国中央政权正是通过严格执行"酎金律"等法律规定严惩王子侯者犯法，取消爵位、封国，迫使在封的王、侯对皇权小心翼翼、唯命是从。元代史家马端临对此论曰：

> 按：汉之所谓封建，本非有公天下之心。故其予之甚艰，而夺之每亟。至孝武之时，侯者虽众，率是不旋踵而褫爵夺地。方其外事四夷，则上遵高帝非功不侯之制，于是以有功侯者七十五人。然终帝之世，失侯者已六十八人，其能保者七人而已。及其外削诸侯，则采贾谊各受其祖之分地之说，于是以王子侯者一百七十五人，然终帝之世，失侯者已一百一十三人，其能保者五十七人而已。外戚恩泽侯者九人，然终帝之世失侯者已六人，其能保者三人而已。功臣、外戚恩泽之失侯也，诿曰予夺自我；王子之失侯则是姑假推恩之名以析之，而苛立黜爵之罚以夺之……禁网既苛，动辄得咎，而坐宗庙酎金失侯者尤众……盖当时国计不给，方事诛求，虽庶人之多赀者，亦必立告缗之酷法以取之，宜其不容列侯坐享封君之富也。①

汉武帝此举固然太过苛刻，但从维护、强化中央集权的这个角度来看，却也无可厚非。他正是既通过颁行"推恩令"缩减了诸侯王国的封域，又通过实施"酎金律"严惩王子侯

---

① （马端临撰：《文献通考》卷267《封建考八》，中华书局2011年第1版，第7312页。

乃至取消其爵位、封国，才得以实现"不仅诸王国皆衰，即封侯者亦几尽。故曰'迄于孝武后元之年，靡有孑遗'也。然则封建余波，盖至是始平，汉廷之集权中央，亦至是始定也"①的目标。

---

① 钱穆著：《秦汉史》，九州出版社 2015 年版，第 257 页。

第八章 以民为本 广施德政

在治国理政方面，汉武帝比较重视德政建设。在他统治期间，在打击商人囤积、豪强施暴，抑止土地兼并，恤贫养孤、赈济灾民，尊老及孝悌力田，赦天下罪人和刑徒，发展农业生产等方面，都颇有建树，取得了明显的效果。以往人们谈到汉武帝时常常将他与文景二帝相比，过度强调他如何好大喜功，如何奢侈挥霍，如何加重民众负担，等等。然而，如果从民生建设方面而言，汉武帝的作为一点也不亚于他的前辈。《风俗通义》有汉武帝封禅泰山刻石纪功辞中言自己"育民以仁"等语，从汉武帝对国家治理的整体成果来看，这个评价并非完全虚夸，而是确有其事。

一、打击豪强，抑止土地兼并

经过汉初近七十年的发展，汉帝国的形势发生了很大的变化，到汉武帝时，汉代社会经济在走向繁荣的同时，社会秩序也出现了一系列新问题，这些弊端需要统治者进行调整与改善。

汉武帝执政伊始，所面临的是土地兼并，商人暴富，社会两极分化现象十分严重。

董仲舒在给汉武帝的对策中就说"身宠而载高位，家温而食厚禄"的官僚地主，"众其奴婢，多其牛羊，广其田宅，博其产业，畜其积委，务此而亡已……富者奢侈羡溢，贫者穷急愁苦……民不乐生，尚不避死，安能避罪！"[①]《史记·货殖列传》也说从事农业、畜牧业、手工业、商业以及山泽产品开发、销售者"为权利以成富，大者倾郡、中者倾县、下者倾乡里，不可胜数"[②]，社会上也出现了"耕豪民之田，见税什伍。故贫民常衣牛马之衣，而食犬彘之食"的佃农。这些记载说明，随着土地私有制的发展，贫富两极分化，阶级矛盾又趋于尖锐。在这种情况下，董仲舒提出"限民名田，

---

① （汉）班固撰，（唐）颜师古注：《汉书》卷56《董仲舒第二十六》，中华书局1962年版，第2520—2521页。

② （汉）司马迁撰：《史记》卷129《货殖列传第六十九》，中华书局1982年版，第3282页。

以澹不足，塞并兼之路，盐铁皆归于民。去奴婢，除专杀之威。薄赋敛，省徭役，以宽民力。然后可善治也"①的建议。

面对这些新的政治、社会问题，汉武帝也采取了一系列抑止土地兼并、缓和阶级矛盾、稳定小农经济，使老弱孤寡的生活得以维持的诸多措施：

第一，三次迁徙东方高资富人、豪杰于关中。（1）建元三年（公元前138年），"赐徙茂陵者户钱二十万，田二顷"；（2）元朔二年（公元前127年），"徙郡国豪杰及訾三百万以上于茂陵"；（3）太始元年（公元前96年），"徙郡国吏民豪杰于茂陵、云陵"②；以期达到"强京师，衰弱诸侯，又使中家以下，得均贫富"③的目的。

第二，打击商人、豪强，没收他们的土地。元狩四年（公元前125年），汉武帝颁算缗令时就下令"贾人有市籍，及家属，皆无得名田，以便农。敢犯令，没入田货"。④《汉书·张汤传》载：御史大夫张汤"承上指（旨）……锄豪强并兼之

---

① （汉）班固撰，（唐）颜师古注：《汉书》卷24上《食货志第四上》，中华书局1962年版，第1137页。

② （汉）班固撰，（唐）颜师古注：《汉书》卷6《武帝纪第六》，中华书局1962年版，第205页。

③ （汉）班固撰，（唐）颜师古注：《汉书》卷70《傅常郑甘陈段传第四十》，中华书局1962年版，第3024页。

④ （汉）班固撰，（唐）颜师古注：《汉书》卷24下《食货志第四下》，中华书局1962年版，第1167页。

家"①。这就是说，锄除豪强抑兼并，是汉武帝推行的一项治理政策。为此武帝设刺史监察郡国，以六条问事，第一条就是"强宗豪右，田宅逾判，以强凌弱，以众暴寡"。武帝又任用酷吏打击豪强，如酷吏王温舒为河内太守时，"捕郡中豪猾，相连坐千余家。上书请，大者至族，小者乃死，家尽没入偿臧"②；再如宁成，南阳郡人，在其家乡"贳贷陂田千余顷，假贫民，役使数千家"③，酷吏义纵为南阳太守后，"至郡，遂按宁氏，破碎其家"④。这样，被打击诛杀的豪强的土地就转化成了公田。

第三，改革亩制，增加农民耕地使用面积。汉武帝不仅通过迁徙东方大族、打击豪强、没收商人土地、开发荒地等方式扩大国有土地，而且还推行大亩制，增加农民的耕地使用面积。西汉初期，有的地区在亩制上使用周制，一百方步为一亩，折合等于今 0.288 市亩；有的地区用秦制，宽一步（六尺），长 240 步为一亩，折合等于今 0.691 市亩。⑤汉武帝时推

---

① （汉）班固撰，（唐）颜师古注：《汉书》卷 59《张汤传第二十九》，中华书局 1962 年版，第 2641 页。

② （汉）班固撰，（唐）颜师古注：《汉书》卷 90《酷吏传第六十》，中华书局 1962 年版，第 3656 页。

③ （汉）司马迁撰：《史记》卷 122《酷吏列传第六十二》，中华书局 1982 年版，第 3135 页。

④ （汉）班固撰，《汉书今注》卷 90《酷吏传第六十》，王继如主编，凤凰出版社 2013 年版，第 2155 页。

⑤ 梁方仲著：《中国历代户口、田地、田赋统计》，上海人民出版社 1980 年版，第 547 页。

行大亩制。《盐铁论·未通》说："古者，制田百步为亩，民井田而耕，什而借一……先帝哀怜百姓之愁苦，衣食不足，制田二百四十步而一亩，率三十而税一。"[1] 推行大亩制后，耕种面积增加了约1.4倍，有利于稳定和发展农民经济。

二、恤贫养孤，大赦天下

中国很早就有恤贫养孤、尊老爱幼的传统。《礼记·礼运》在描述人们对理想的大同社会的向往时说"使老有所终，壮有所用，幼有所长，鳏、寡、孤、独、废疾者皆有所养"[2]，这个思想就成了儒家德治思想的内容之一和中国的传统美德。汉武帝既然标榜尊崇儒术，他的治理政策具有一些惠民倾向自然不可避免。

建元元年（公元前140年）四月，汉武帝下诏说："扶世导民，莫善于德。"元朔元年（公元前128年）十一月武帝下诏："夫本仁祖义，褒德禄贤，劝善刑暴，五帝三王所由昌也。"[3] 而

---

[1] （汉）桓宽撰集，王利器校注：《盐铁论校注》卷3《未通第十五》，中华书局1992年第1版，第191页。

[2] （清）刘沅著，谭继和、祁和晖笺解：《十三经恒解笺解本》卷9《礼运》，巴蜀社，2016年第1版，第161页。

[3] （汉）班固撰，（唐）颜师古注：《汉书》卷6《武帝纪第六》，中华书局1962年版，第166页。

施德治的一个重要方面，就是关心民众疾苦，推行赈济灾民、抚恤鳏寡孤独、尊奖孝悌力田、赦免罪人、刑徒，等等。

元狩元年（公元前 122 年）四月，汉武帝下诏："朕嘉孝弟力田，哀夫老眊孤寡鳏独或匮于衣食，甚怜愍焉。其遣谒者巡行天下，存问致赐，曰：'皇帝使谒者赐县三老、孝者帛，人五匹；乡三老、弟者、力田帛，人三匹；年九十以上及鳏寡孤独帛，人二匹，絮三斤；八十以上米，人三石。'"①从这一诏书可以看出，武帝恤鳏寡孤独的目的就是为解决他们的生活问题，至于尊奖孝悌力田则是倡导一种良好的社会风气。孝，指孝顺、善事父母；悌，指敬爱兄长，顺从长上。在宗法家长制社会中，家族内部能够孝悌，在社会上则对上级官吏就能忠顺。力田，指尽力于农业生产而言。在传统社会中，以农为本，把农业生产搞好，社会才会有稳定的基础。因此，汉代在乡、里设有孝悌、力田的乡官，负责督导这两方面的事情。

在恤鳏寡孤独赐帛方面，据《汉书·武帝纪》记载，除上述元狩元年赐鳏寡孤独帛人"二匹，絮三斤"外，汉武帝还有如下六次：（1）元狩六年（公元前 117 年）六月，汉武帝"遣博士大等六人分循行天下，存问鳏寡废疾，无以自振业者贷与之"。（2）元封元年（公元前 110 年）夏四月，汉武帝在泰山封禅后诏书中要求对封禅所至的博、历城、蛇丘、梁父等四县

---

① （汉）班固撰，（唐）颜师古注：《汉书》卷 6《武帝纪第六》，中华书局 1962年版，第 174 页。

"加年七十以上孤寡帛，人二匹"。（3）元封二年（公元前109年）夏四月，又"赐孤独高年米，人四石"。（4）元封五年（公元前106年），武帝南巡，又封禅泰山，又"赐鳏寡孤独帛，贫穷者粟"。（5）元封六年（公元前105年），幸河东，祠后土，"赐天下贫民布帛，人一匹"。（6）太始三年（公元前94年），武帝幸东海、琅琊，赐所过地方"鳏寡孤独帛，人一匹"①。

在尊老活动方面，据《汉书·武帝纪》记载有以下四次：（1）建元元年（公元前140年）春二月，规定："年八十复二算，九十复甲卒。"②"复"是免除的意思，即对于八九十岁的老人豁免赋役。（2）建元元年四月武帝下诏说：今天下的孝子、顺孙是愿意竭尽其力以侍奉亲人的，然而由于外迫于公事，内乏资财，所以无法尽孝，朕甚哀之。民年九十以上，已有受鬻法，有子即免其子的赋役，无子即免其孙子的赋役。令他们得以身帅妻妾遂其供养之事。（3）元狩元年（公元前122年），遣谒者赐九十以上帛，人二匹，絮三斤；八十以上米，人三石。（4）元封二年（公元前109年），"赐孤独高年米，人四石"。

在赦官奴婢、刑徒、罪人与赦天下方面，建元元年（公元前140年）五月，汉武帝"赦吴楚七国帑输在官者"③。吴

---

① （汉）班固撰，（唐）颜师古注：《汉书》卷6《武帝纪第六》，中华书局1962年版，第180、191、193、196、198、207页。

② （汉）班固撰，（唐）颜师古注：《汉书》卷6《武帝纪第六》，中华书局1962年版，第155页。

③ （汉）班固撰，（唐）颜师古注：《汉书》卷6《武帝纪第六》，中华书局1962年版，第157页。

楚之乱发生在景帝前三年（公元前 154 年），距武帝建元元年已有 14 年，武帝即位后对参加吴楚七国之乱官员的没为官奴婢的妻、子，加以赦免，其目的明显是为缓和统治阶级内部的矛盾，给这些人以自新的机会。

汉武帝赦免刑徒、罪人，据《汉书·武帝纪》记载共六次：（1）元光六年（公元前 129 年）春，"赦雁门、代郡军士不循法者"。（2）武帝元封二年（公元前 109 年）到雍（今陕西凤翔境），祭祀五帝，春止缑氏（今河南偃师东南），又至东莱（郡名，治所在山东掖县），夏四月又至泰山祭祀。后又至黄河瓠子（今河南濮阳南）塞决口。下令"赦所过徒"。（3）元封四年（公元前 107 年）祭后土，"赦汾阴、夏阳、中都死罪以下"。（4）元封六年（公元前 105 年）三月，祭后土，"赦汾阴殊死以下"。（5）元封六年三月，"益州、昆明反，赦京师亡命令从军，遣拔胡将军郭昌将以击之"。（6）太初二年（公元前 103 年）四月，祭后土，"赦汾阴、安邑殊死以下"①。汉武帝在位五十四年"赦天下"和"大赦天下"十九次，也远远超过前面汉代数代皇帝的次数。②

---

① （汉）班固撰，（唐）颜师古注：《汉书》卷 6《武帝纪第六》，中华书局 1962 年版，第 165、195、198、200 页。

② 参见杨生民著：《汉武帝传》，人民出版社 2001 年版，第 88、89 页。

第九章　经济改革诸项措施

在发展经济增加财政方面，汉武帝亦有一套成熟的办法与治理举措，主要表现在兴修水利、发展农业，实行盐铁国营，增加国库收入，平准均输，调控物价，改革货币制度以及推行"算缗""告缗"等政策方面。通过经济改革，汉中期因为三十余年长期对匈奴战争造成的财政危机得到缓解，国家经济继续发展，社会贫富悬殊问题也在一定程度上得到了解决。

一、兴修水利，发展农业

汉武帝是秦汉时期兴修水利工程最多的一位皇帝。他虽然出身皇家，但却是一位懂得水利对农业生产重要性的皇帝。他为了巩固帝国统治，促进农业发展，首先在关中，继而在全国范围兴修水利。

据《史记·河渠书》和《汉书·沟洫志》中的记载，汉武帝时兴修的水利工程，其中较重要的表现如下。

1. 漕　渠

元光六年（公元前 129 年），汉武帝采纳大司农郑当时建议，引渭穿渠，起长安终南山下，至黄河三百余里，三年而通，既便于运输，又灌溉民田万余顷。

2. 河东渠

漕渠建成后，河东郡守番系，建议穿渠引汾河与黄河水灌溉河东土地。当时估计，渠修成后，年可增收谷物二百万石。汉武帝认为可行，"发卒数万人"开渠。但此渠修成后只用了几年，就因河道迁移，无法再用。

3. 龙首渠

汉武帝元封年间（公元前 110—前 105 年），有个叫庄熊罴的人建议穿渠引洛水，灌溉关中重泉（在今陕西蒲城东南）以东的万顷盐卤恶地，每亩可增收十石。汉武帝采纳了这个建议，"发卒万人"穿渠引洛。但两岸地质条件不好，坍塌严重，建设者只好在地下开渠通水，十年才完工。此渠因为是从地下取水，效益不是很大，不过这个办法后来传到缺水的西域，他们按这个办法修建地下引水渠道，名之谓"坎儿井"。"坎儿井"对当地的农业灌溉起了很大作用。

4. 治理黄河

汉武帝初年，黄河在瓠子（旧址在今河南濮阳境）决口，淮泗一带连年被灾。元封二年（公元前109年），武帝东巡，发卒数万人治河，并亲临工地督促。竣工后，黄河几十年不再为患，东南十六郡二十多年的水患得以解决，当地农业生产得到恢复。

5. 朔方、西河、河西、酒泉水渠

据《汉书·沟洫志》记载，瓠子堵塞黄河决口工程完成后，"用事者争言水利，朔方、西河、河西、酒泉皆引河及川谷以溉田"[①]。这些工程所灌溉的土地数以万余顷计，皆具有一定的规模。

6. 灵轵、成国、韦水渠

汉武帝元封年间，关中又有灵轵、成国、韦水三条水渠的兴建，共灌溉土地万顷，其中包括周至、户县和渭河南，以及渭河北的眉县、扶风、武功、兴平、咸阳等地大片地区。

---

① （汉）班固撰，（唐）颜师古注：《汉书》卷29《沟洫志第九》，中华书局1962年版，第1684页。

7. 六辅渠

这是著名的郑国渠的辅助工程。郑国渠是战国时秦国所建，至汉武帝元鼎年间已经用了一百三十多年。此时左内史兒宽建议在郑国渠上游开掘六条辅助水渠，灌溉郑国渠旁边的高地，汉武帝批准了这一计划。六辅渠完成后，许多地势高印的田地也得到了灌溉，充分发挥了郑国渠的灌溉作用。

8. 白　渠

汉武帝太始二年（公元前95年），赵国中大夫白公建议穿渠引泾河水，灌溉渭中平原。经汉武帝批准，工程很快上马。完成后，渠水流经泾阳、三原、高陵、临潼等地，灌溉田地四千五百余顷，产量大为提高。

除此之外，汉武帝期间修建的水利工程还有汝南、九江的引淮工程，东海郡的引巨定泽工程，泰山下的穿渠引汶水工程，这些工程所灌溉的田地面积也都在万顷以上。由于汉武帝的提倡和支持，全国各地兴建的其他小型水利工程，不可胜计。可以说，汉武帝时期是中国古代兴修水利的高潮时期。[1]另外，汉武帝鼓励改进农具和耕种方法，增加农业生产。汉武帝以赵过为搜粟都尉，教民耕殖，其法二犁共一牛，一人将之，下种换耧，日种一顷，取名耧犁，赵过的新法比旧法效率提高了四倍。

---

[1]　参见戚文、陈宁宁著：《两汉人物论》，东方出版中心2013年版，第160—163页。

二、实行盐铁国营，增加国库收入

　　盐指晒制和熬煮的海盐和池盐；铁即炼制钢铁以及用钢铁制造各种兵器和生产用具。这些物资都是社会重要的生活、生产资料。从战国以来，盐铁大都为豪门和富家所经营，他们利用盐铁形成一股强大的与官民争利的中间势力。由于盐是百姓的生活必需品，"十口之家，十人食盐"，"无盐则肿"①。铁器是劳动人民的主要生产工具，《盐铁论·水旱篇》说："农，天下之大业也，铁器，民之大用也。器用便利，则用力少而得作多，农夫乐事劝功。"②《盐铁论·禁耕篇》说："铁器者，农夫之死士也。死士用则仇仇（草莱）灭，仇仇灭则田野辟。"③铁器还是制作兵器的主要原料，《盐铁论·复古篇》说："铁器兵刃，天下之大用也。"④因此，盐铁有广阔的销路和市场。大盐铁业者"上争王者之利，下锢齐民之业"⑤，向

　　①　（唐）杜佑撰：《通典》卷10《食货十·盐铁》，王文锦、王永兴等整理，中华书局1988年第1版，第224、226页。

　　②　（汉）桓宽撰集，王利器校注：《盐铁论校注》卷6《水旱第三十六》，中华书局1992年第1版，第429页。

　　③　（汉）桓宽撰集，王利器校注：《盐铁论校注》卷1《禁耕第五》，中华书局1992年第1版，第68页。

　　④　（汉）桓宽撰集，王利器校注：《盐铁论校注》卷1《复古第六》，中华书局1992年第1版，第78页。

　　⑤　（汉）班固撰，（唐）颜师古注：《汉书》卷91《货殖传第六十一》，中华书局1962年版，第3694页。

上与国家争利、对下又垄断民众的谋生之路，"冶铸煮盐，财或累万金，而不佐国家之急"①，在国家遇到财政危机时，这些大富豪竟然无动于衷，没有国家利益至上的意识与观念。因此，汉武帝经济改革的一项重要措施就是实行盐铁官营，把盐铁业的收益收归国有，以解决国家的财政困难。

汉武帝为实行盐铁官营，采取了以下数项措施。

第一，元狩四年（公元前 119 年），汉武帝任用齐地大煮盐者东郭咸阳、南阳大冶铁业者孔仅为大农属官大农丞，主管盐铁方面的事情，侍中桑弘羊以会计计算用事"言利事析秋毫"。这三人筹备盐铁等有关经济、财政改革方面的事情。

第二，山海、天地出产的自然资源的税收原归掌握天子私人财政的少府管理，实行盐铁官营时转归掌握国家财政的大司农管理。这是一个重大变化。故《史记·平准书》载孔仅、东郭咸阳上书说："山海、天地之藏也，皆宜属少府，陛下不私，以属大农佐赋。"②《盐铁论·复古篇》载大夫说："山海之利，广泽之畜，天地之藏也，皆宜属少府。陛下不私，以属大司农，以佐助百姓。"③这一变化有利于大农以国

---

① （汉）司马迁撰：《史记》卷 30《平准书第八》，中华书局 1982 年版，第 1425 页。

② （汉）司马迁撰：《史记》卷 30《平准书第八》，中华书局 1982 年版，第 1429 页。

③ （汉）桓宽撰集，王利器校注：《盐铁论校注》卷 1《复古第六》，中华书局 1992 年第 1 版，第 78 页。

家代表组织全国盐铁的生产和销售，并以其收入充作国用。

第三，元狩五年（公元前118年）孔仅、东郭咸阳提出实行盐铁官营的具体办法如下：一是禁止私人经营盐铁业，规定"敢私铸铁器、煮盐者，钛左趾，没入其器物"；二是出产铁的郡自然要设铁官，不出产铁的郡则设置"小铁官"冶炼废铁，属所在县管辖，即《史记·平准书》所说"郡不出铁者，置小铁官，便属在所县"①。

第四，令孔仅、东郭咸阳乘驿遍巡天下盐铁处，设置盐铁官，取缔私营盐铁业。并任命原来的盐铁业主为官营冶铁业中的官吏。元封元年（公元前110年），又令桑弘羊为治粟都尉，领大农，主管天下盐铁事务，进一步推行官营盐铁，"置大农部丞数十人，分部主郡国，各往，往县置均输盐铁官……天子以为然，许之"②。在这一过程中，中央政府推行盐铁官营的政策是认真的，违背政策的官吏要依法严惩，如元鼎六年（公元前111年）博士徐偃等循行天下，"矫制"（假托君命）让胶东、鲁两国煮盐铸铁，被处死就是一例。③

盐铁国营之后，大大增强了国库收入，缓解了财政困难，对于解决抗匈战争和赈灾移民数以万计的开支起到了很大的

---

① （汉）司马迁撰：《史记》卷30《平准书第八》，中华书局1982年版，第1429页。

② （汉）司马迁撰：《史记》卷30《平准书第八》，中华书局1982年版，第1441页。

③ 参见杨生民著：《汉武帝传》，人民出版社2001年版，第106页。

作用。在元封元年（公元前110年），桑弘羊为治粟都尉，领大农、主管盐铁之前的元鼎五六年间汉连年出兵，用费大，都是靠盐铁官营等经济改革的收入来解决的。《盐铁论·轻重篇》说："今大夫……总一盐、铁，通山川之利而万物殖。是以县官（国家）用饶足，民不困乏，本末并利，上下俱足。"又说："当此之时，四方征暴乱，车甲之费，克获之赏，以亿万计，皆赡大司农。此皆扁鹊（指桑弘羊等人）之力，而盐、铁之福也。"① 这些论述说明了盐铁官营在解决国家财政困难和社会经济生活方面所起的重大作用。

　　推行盐铁国营也有利于抑止兼并。《盐铁论·复古篇》载大夫的话说："令意总一盐铁，非独为利入也，将以建本抑末，离朋党，禁淫侈，绝并兼之路也。"② 也就是说，盐铁官营并不仅仅是为了增加国家的财政收入，还是为了建本业抑末业，防止盐铁业主利用经济力量结成利益集团即"朋党"与官府对抗，禁其"淫侈"生活，防止其兼并农民的土地。这个目的在一定程度和一定时间内应当说是能够达到的。

　　推行盐铁国营更有利于打击分裂割据势力。《盐铁论·禁耕篇》说："异时盐铁未笼，布衣有朐邴（曹邴氏），人君有

---

① （汉）桓宽撰集，王利器校注：《盐铁论校注》卷3《轻重第十四》，中华书局1992年第1版，第178、180页。

② （汉）桓宽撰集，王利器校注：《盐铁论校注》卷1《复古第六》，中华书局1992年第1版，第78页。

吴王……吴王专山泽之饶，薄赋其民，赈赡穷乏，以成私威。私威积而逆节之心作。"① 这是说让诸侯王专山泽之饶，煮盐铸铁，经济势力膨胀，收买民心，势力壮大，最后会导致叛乱。而盐铁官营，有助于削弱诸侯王的经济势力，使其无法与中央抗衡和发动叛乱。

三、平准均输，调控物价

平准又名平粜、平籴，是战国时魏相李悝创立的一种调剂民食、平抑物价的措施。即丰年粮多时，由政府以平价买进粮食，存贮于粮仓；荒年缺粮时，再由政府以平价卖出粮食，以解决民生之疾苦。

汉代平准机构是桑弘羊于元封元年（公元前 110 年）在各郡国设均输官之时于京师长安设立的。设置的意图，《盐铁论·本议篇》大夫曰："开委府于京师，以笼货物。贱即买，贵则卖。是以县官不失实，商贾无所贸利，故曰平准……故平准、均输，所以平万物而便百姓。"② 其意是说：在京师设立"委府"，接受、储存各郡国均输官输入京师的货物，即

① （汉）桓宽撰集，王利器校注：《盐铁论校注》卷 1《禁耕第五》，中华书局 1992 年第 1 版，第 67 页。

② （汉）桓宽撰集，王利器校注：《盐铁论校注》卷 1《本议第一》，中华书局 1992 年第 1 版，第 4 页。

收笼天下货物。货物贱时就买进来，贵时就卖出去。因此，国家掌握着物资，商贾无法经商谋利。所以称之曰平准。平准、均输结合起来就可收到"平万物的物价而便百姓"的效果。《史记·平准书》则进而陈述了平准设置的背景、采取的措施、出现的情况、所要达到的目的：

> 置平准于京师，都受天下委输。召工官治车诸器，皆仰给大农。大农之诸官尽笼天下之货物，贵即卖之，贱则买之。如此，富商大贾无所牟大利，则反本，而万物不得腾踊。故抑天下物，名曰"平准"①。

均输，就是从中央到地方设立货物的运输兼贸易机构，主管物资的采集、运送、售出事宜。均输的主要物资还是盐铁、粮食、布帛及其他生产、生活必需品。一般的操作是在各地采集价格低平的必需物资，运到京师和需要这些物资的地方，然后以稍高价格出售。这样既可以保证政府的物资供应，免除大商人中间剥削，又可以从中获得商业利润。民众也可以从均输中以较合理的价格买到生产、生活必需用品，免除"万物腾跃"之苦。②

---

① （汉）司马迁撰：《史记》卷30《平准书第八》，中华书局1982年版，第1441页。

② 参见戚文、陈宁宁著：《两汉人物论》，东方出版中心2013年版，第164—165页。

汉武帝时期，均输的推行经历过两个时期：一是元狩五年（公元前118年）铸五铢钱，孔仅、东郭咸阳提议实行盐铁官营，过了三年，到元鼎二年（公元前115年）置均输。关于此事，《史记·平准书》说："桑弘羊为大农丞，筦诸会计事，稍稍置均输以通货物。"①看来，这次实行还处于试验阶段，所以说"稍稍置均输以通货物"。二是元封元年（公元前110年）桑弘羊为治粟都尉，领大农，置均输到了实质性的推行阶段。这一年因为诸官府囤积货物在市场上出售，互相争利，使物价上涨，而转输所得的货物有时还不够抵偿雇工运输的费用，所以桑弘羊"请置大农部丞数十人，分部主郡国，各往，往县置均输盐铁官……天子以为然，许之"。经过上述两个时期的试办、推行，各地设立了均输官，均输法才在全国得以实行。②

四、改革货币制度

汉武帝进行币制改革，一共有六次。

第一，建元元年（公元前140年），汉武帝"行三铢

---

① （汉）司马迁撰：《史记》卷30《平准书第八》，中华书局1982年版，第1432页。

② 参见杨生民著：《汉武帝传》，人民出版社2001年版，第111页。

钱"①，这是汉武帝初次的货币改革。

第二，建元五年（公元前 136 年），汉武帝"罢三铢钱，行半两钱"②。这是汉武帝的第二次货币改革。

第三，元狩四年（公元前 119 年），因为北击匈奴，财政出现严重困难，汉武帝进行了第三次币制改革。

（1）发行新币"白金三品"，即以银与锡白色合金铸造的三种货币：第一种是龙文币，重八两，圆形，名"白选"，值三千钱；第二种是马文币，重六两，方形，值五百钱；第三种是龟文币，重四两，狭长形，值三百钱。

（2）发行白鹿皮币：以一尺见方的白鹿皮作皮币，价值四十万。王侯宗室朝见天子聘享献礼时，要用皮币垫着历献的币才能行通。

（3）"销半两钱（四铢钱），更铸三铢钱，文重其文。"③

第四，元狩五年的第四次改革。元狩五年（公元前 118 年），"乃更请诸郡国铸五铢钱，周郭其下，令不可磨取"④。这是汉武帝的第四次货币改革，其特点是铸钱技术有了显著

① （汉）班固撰，（唐）颜师古注：《汉书》卷 6《武帝纪第六》，中华书局 1962 年版，第 156 页。

② （汉）班固撰，（唐）颜师古注：《汉书》卷 6《武帝纪第六》，中华书局 1962 年版，第 159 页。

③ （汉）司马迁撰：《史记》卷 30《平淮书第八》，中华书局 1982 年版，第 1427 页。

④ （汉）司马迁撰：《史记》卷 30《平淮书第八》，中华书局 1982 年版，第 1429 页。

改进，以往铸钱只一面有文，背面无文，可磨取无文的背面铜屑铸钱，这次规定背面再加铸一道边，使人无法磨取铜屑，再熔铸新币。这是防止盗铸的一个重要的技术措施。虽然如此，但因这次铸钱是令各郡国铸，郡国官吏多铸奸钱，钱轻，所以又出了问题。

第五，元鼎元年（公元前116年），汉武帝进行了第五次币制改革。《史记·平准书》说："郡国多奸铸钱，钱多轻。"[1] 在这种情况下，京城铸造有"赤侧（边）钱"。一个"赤侧（边）钱"等于五个旧铜钱，交纳赋税和官用的非用"赤侧（边）钱"不行。赤侧钱发行后，白金币价格减贱，过了一年多，白金币废不行。过了两年，"赤侧钱"贬值，想了种种办法使用，还是不便，就被废除了。

第六，元鼎四年（公元前113年），汉武帝又进行第六次货币改革，这次在废"赤侧钱"的同时，"悉禁郡国无铸钱，专令上林三官铸。钱既多，而令天下非三官钱不得行，诸郡国所前铸钱皆废销之，输其铜三官。"[2] 武帝在元鼎二年初置水衡都尉，掌上林苑，其属官有均输、钟官、辨铜三令。武帝在这次币制改革时主要采取了两个措施：一是完全禁止地方郡、国铸钱，专令上林苑三官铸钱，三官一般认为就是均

---

① （汉）司马迁撰：《史记》卷30《平准书第八》，中华书局1982年版，第1434页。

② （汉）司马迁撰：《史记》卷30《平准书第八》，中华书局1982年版，第1434—1435页。

输、钟官、辨铜三令。这说明铸币权完全收归了中央或皇帝。二是下令天下非三官钱不能流通，地方郡国以前所铸货币全部作废销熔，其铜转归上林三官。这样，国家就完全控制了货币的铸造权。①

经过汉武帝时期六次币制改革，最后终于解决了汉初币制遗留下来急需解决的问题。发行成色好、重量适中、难于盗铸的五铢钱，稳定了币制，有利于解决政府的财政危机和稳定国家的经济生活。武帝时期的币制改革最后是成功的，在中国货币史上具有重要意义。

五、"算缗"和"告缗"

官营盐铁、建立均输制度和平准制度、统一货币，使政府不仅获得经济利益，更重要的是为重农抑商奠定了经济基础。

汉武帝时代，还采取了"算缗"和"告缗"等直接打击大商贾的政策。

算缗是国家征收的财产税；告缗是没收隐瞒向国家少缴纳、不缴纳财产税的有产者的财产。这两项政策主要打击对象是中等资产家庭以上的工商业者。

缴纳财产税，原是西汉初期规定的一项制度。汉武帝即位

---

① 参见杨生民著：《汉武帝传》，人民出版社 2001 年版，第 101—103 页。

后，逐步通过征收财产税方式把打击的矛头指向富商大贾。

元狩四年（公元前 119 年），汉武帝开始推行的"算缗钱"制度，规定商人、兼营手工业的商人以及高利贷者，必须向政府申报其资产。每二千钱应纳税一算，即一百二十钱。自产自销的手工业品，每四千钱一算。轺车一车一算，商人拥有的轺车则加倍。船五丈以上一算。商人有产不报或报而不实的，罚令戍边一年，财产予以没收。

元鼎四年（公元前 113 年），汉武帝又下令实行"告缗"，鼓励民间相互告发违反"算缗"法令的行为。规定将所没收违法商人资产的一半奖励给告发者。于是，在"告缗"运动中，政府没收的财产数以亿计，没收的奴婢成千上万，没收的私有田地，大县数百顷，小县百余顷。中等资产以上的商贾，大多数都遭到告发以致破产。

应该说，"算缗"和"告缗"对于当时政府经济危机的缓解，对于抑制在经济上可能与政府抗衡的商人的实力，都有直接的效用。"算缗""告缗"推行之后，政府的府库得到充实，商人受到沉重的打击，中央集权制度空前加强。汉初经过发展出现的贫富分化的社会秩序暂时得到了一定程度的缓解，中国古代大一统帝国重农抑商基本国策更是得到了较好的推行。

第十章　外事四夷　教通四海

钱穆先生在其所著《秦汉史》中说："汉武事业，尤为后世称道者，实不在其对内之政治，而为对外之武功。若以与秦始皇相比，似其对内政治，尚未能超出秦制规模；而对外开拓，则确又驾秦而过之矣。"汉武帝在军事方面的显赫功业，主要体现在他在大秦帝国原有疆域的基础上进一步开疆拓土、拓边置郡，在北方击败了强敌匈奴；在东北分置真番、临屯、乐浪、玄菟四郡；在西方取得了三十六属国；在西南恢复庄蹻滇国的旧业；在南方消灭了南越赵氏的割据，奠定了今日中国之广大疆域初步的基础。

一、开疆拓边置郡

清人赵翼在《廿二史札记》中说："仰思（汉武）帝之雄才大略，正在武功。"[①]

近现代文化名家钱穆也说："武帝以雄主，承汉七十年之厚积，其拓边以耀威德之心，盖自初即位已有之。故建元元年制诏贤良，已有'何修何饬，而德泽洋溢，施乎方外，延及群生'之问。"[②]

汉武帝时代，在国力强大的基础上，以军事为条件成功地实现了汉帝国的疆域扩张。

汉武帝在军事方面的显赫功业，主要体现为在大秦帝国原有疆域的基础上进一步开疆拓土、拓边置郡，"为现代中国的广大疆域奠定了初步的基础"，"在北方击败了强敌匈奴，在西方取得了三十六属国，在西南恢复庄蹻滇国的旧业，在南方消灭了南越赵氏的割据。"[③]

在北方边境，居住在汉帝国北方边疆的匈奴部落，以其强悍的骑兵优势，侵扰中原一百多年。因限于国力，汉帝国无法与之抗衡。汉初，汉高祖刘邦曾倾全国兵力与匈奴战于

---

① （清）赵翼著：《廿二史札记校证》卷2《20 汉书武帝纪赞不言武功》，王树民整理，中华书局 2013 年第 2 版，第 34 页。

② 钱穆著：《秦汉史》，九州出版社 2015 年版，第 130 页。

③ 范文澜著：《中国通史简编》第二编，人民出版社 1958 年版，第 80 页。

平城（今山西大同市东北），终因军力不敌，而委屈求全地以"和亲政策"求得安宁。但尽管汉王朝不断给匈奴送去美女、金帛，匈奴还是侵扰不止。文景以来，汉匈之间一直是旋和旋战，和平时期少，武力相向时候多。汉武帝时，匈奴吞并了西域三十多个国家，势力大增，更加频繁地向汉北方边境大举进犯。当时仅北方边境各郡，每年被虏杀的人口就有好几万，被抢夺的财产更是不计其数。汉武帝即位后忍无可忍，乃秣马厉兵、整饬军备，积极准备力量与匈奴决战，打算彻底解决匈奴扰边问题。

汉建元三年（公元前 138 年），汉武帝派张骞出使西域，寻找反击匈奴的同盟军。与此同时，在陇西、代郡一带集结汉军主力，一面进行军事训练，一面寻找时机，打击匈奴。

汉元光二年（公元前 133 年），汉武帝采纳熟知匈奴事务的官员王恢的意见，在马邑（今山西朔州）布设口袋，企图引诱匈奴入塞，聚而歼之。这次动员的汉军兵力达三十余万，可惜这个计划后来被匈奴单于识破，未获成功。公元前 129 年、128 年、127 年、124 年、123 年、119 年，汉武帝多次派名将卫青、霍去病等统率大军与匈奴作战，深入匈奴后方消灭了匈奴军队主力。公元前 119 年的漠北大战是汉匈之间一次决定命运的大战，双方出动的兵力都在十万以上，在狂风沙砾中生死搏战。最后是汉胜匈败，匈奴单于仅率数百骑突围，向西北逃遁，汉军追逐到北海（今俄罗斯贝加尔湖）。此役汉军共杀虏匈奴九万余人，汉军自己亦损失几万人。司马光对此役予以了高度评价，指出从此"匈奴远遁，而幕南无王庭"①。汉武帝的抗匈战争取得了决定性的胜利，换来了国家北方边境长年的和平和安宁。

在东北边疆，解决了北方边防问题后，汉武帝又用兵东北。当时朝鲜为燕国人卫满及其后人占据。卫氏王朝常杀害汉朝边郡的官吏，汉武帝认为他们有意挑衅，乃派兵水陆并进，灭掉了卫氏王朝，在其地分设四郡，即真番（治所在霅县，即今朝鲜礼成江、汉江之间）、临屯（治所在东暆，即今朝鲜咸镜南道北部）、乐浪（治所在朝鲜，即今朝鲜平壤市南）、玄菟（治所在沃沮城，即今朝鲜咸镜道）四郡。

在东南地区，汉武帝利用闽越、东瓯、南越等少数民族政权的内部矛盾，出兵平定闽越，又平定南越，分别加以征服，将其地置于汉帝国政府的直接管辖之下。在南越地区置南海（治所在今广东广州）、苍梧（治所在今广西梧州）、郁林（治所在今广西桂平西故城）、合浦（治所在今广西合浦东北）、交趾（辖境相当今广东、广西的大部和越南的北部、中部，治所在今越南河内西北）、九真（辖境相当今越南清化、河静两省及义安河东部地区，治所在今越南清化西北）、日南（治所在今越南广治省广治河与甘露河合流处）、珠厓（治所在今海南琼山东南）、儋耳（治所在今海南儋县西北）等九郡。

---

　　① （宋）司马光编著，（元）胡三省音注：《资治通鉴》卷19《汉纪十一》，中华书局1956年第1版，第645页。

在西南方面，汉武帝派唐蒙、司马相如出使西南夷，说服夜郎和邛、笮归附汉朝，先后在西南设立犍为（辖境相当今四川简阳、新津以南，云南东北部，贵州北部）、牂柯（今贵州大部及云南东部）、越巂（今四川西昌地区、云南丽江、楚雄北部）、沈黎（今四川汉源一带）、汶山（今四川茂汶羌族自治区一带）、武都（今甘肃武都一带）、益州（今云南晋宁晋城）等七郡，于是今福建、广东、广西、云南、贵州、四川等地均统一于西汉帝国。

二、打通丝绸之路

打通丝绸之路，开拓中国与亚欧经济文化往来也是汉武帝发动对匈奴的战争原因之一。

抗匈战争胜利后，汉武帝派出许多使节到西域和中亚各国联系，开辟了中国通往欧洲的交通干线——丝绸之路，促使中国和外国的经济、文化交流出现了新局面。

据《史记·大宛列传》记载，西域是玉门关、阳关以西直至欧洲的通称。张骞通西域所去的大月氏在今阿富汗北部；乌孙在今伊犁河流域喀尔巴什湖、伊塞克湖地区。张骞派副使所到的康居在今喀尔巴什湖至咸海之间，安息在今伊朗高原东北部。李广利征伐的大宛在今中亚费尔干纳盆地，今乌兹别克或塔吉克境内。《史记·大宛列传》所载条支在今伊拉

克境；黎轩，即大秦，就是罗马帝国。这都说明《史记》中
所说的西域是指玉门关、阳关以西直至欧洲的广大地区。汉
武帝通西域是件意义重大的事情。晋代从战国魏王墓中发现
了先秦古书《穆天子传》，记载了周穆王西游的故事，反映了
中西交通的传说，中国的势力还未达到西域。"秦始皇攘却戎
狄，筑长城，界中国，然西不过临洮"①。汉武帝通过经营西
域，打通了中国和西方经济文化交往的通道，促进了中国与
中亚、阿拉伯地区、欧洲、北非以及南亚次大陆在物产、科
技、经贸、文化方面的互相交流，这一点有着重大的意义。
近年以来，国际上对这条陆上的丝绸之路，给予了经久不衰
的注意，正说明了它在古代所起的重要作用。从这种意义上
看问题，汉武帝时期中国所发生的一些事情，不仅对中国，
而且对世界历史也有着不可忽视的重要影响。②

①　（汉）班固撰，（唐）颜师古注：《汉书》卷96上《西域传第六十六上》，
中华书局1962年版，第3872页。

②　参见杨生民著：《汉武帝传》，人民出版社2001年版，第217、218、243页。

第十一章　汉武帝晚年的政局与纠错

　　汉武帝统治后期，中央集权与地方封国势力之间的矛盾得到了比较彻底的解决。但是，中央集权的加强并不意味着统治阶级内部矛盾就彻底得到了圆满的解决。实际上，旧问题刚刚解决，新问题就马上出现。汉武帝末年，统治阶级内部矛盾的新形式集中地表现在巩固与争夺皇权，皇室内部争权夺利、自相残杀等内部消耗上面。这种高层斗争对汉武帝去世前后的西汉政局，无疑产生了重要的影响。

一、汉武帝晚年的政局

　　皇亲、贵戚、王子、后妃之间的斗争是皇权统治的必然产物。汉武帝时期皇室内部的矛盾斗争集中地表现为后妃之间的利益冲突，其形式则表现为巫蛊祝诅之祸，而其实质则是外戚争权，以及皇帝与太子两种不同的统治思想之间的冲突与权力斗争上面。

　　造成这种纷争的根本原因当然出在当时的最高统治者——汉武帝的身上。

　　作为汉帝国的最高统治者，汉武帝除了一般帝王所共有的权力贪欲以外，还有两点特别突出：一是迷恋女色，二是追求成仙，长生不老。

　　据《武帝故事》记载：汉武帝"又起明光宫，发燕、赵美女二千人充之。率取年十五以上、二十以下，满四十者出嫁。掖庭令总其籍，时有死出者补之。凡诸宫美女可有七八千……常从行郡国，载之后车；与上同辇者十六人，员数恒使满，皆自然美丽，不假粉白黛黑。侍衣轩者亦如之。上能三日不食，不能一日无妇人；善行导养术，故体常壮悦"。这段话虽出于后人记载，但或许就是武帝荒淫生活部分真实的写照。武帝"内宠"之多也是汉代皇帝中较为少有的。如最初陈皇后阿娇有宠，不久武帝在平阳公主家"幸"讴者卫子夫，即召入宫中"尊宠"，"后色衰，赵之王夫人、中山李夫人有宠"，"后有尹婕仔、钩弋夫人更幸"^①。汉武帝如此多的"内宠"，必然会加剧后宫内嫔妃之间的钩心斗角。而汉武帝追求长生所进行的迷信活动，则是影响到他与成年太子刘据之间正常关系的另一个极不稳定的政治因素。老年帝王因为贪恋皇权与猜忌多疑的心态，经常会对接班人极不放心，最后干脆找借口打掉，这种事例在中外历史上比比皆是。

据《史记·封禅书》记载："今天子初即位，尤敬鬼神之祀。"^②他一生不断请方士求仙祈求长生，不断上当受骗而终不知悔。在他的提倡下，当时社会上尤其是贵族阶层迷信之风昌盛，统治阶级内部的矛盾斗争，也往往利用迷信的形式进行。另外，武帝晚年，外戚集团势力的膨胀也是他借助巫蛊祝诅案掀起打击与削弱外戚集团的主要动机之一。

汉武帝时代宫廷内部斗争的起因要追溯到很久以前。

当初汉景帝在位时，最初立的太子不是后来的汉武帝刘彻，而是齐栗姬之子。但是，景帝的姐姐长公主嫖则十分希望将刘彻立为太子，因为她早就想把自己的女儿阿娇嫁给刘彻，如果刘彻立为太子，阿娇将成为皇后，所以长公主嫖极力怂恿景帝改立刘彻为太子。由于长公主的母亲是那位信奉

① （汉）班固撰，（唐）颜师古注：《汉书》卷97上《外戚传第六十七上》，中华书局1962年版，第3950页。

② （汉）司马迁撰：《史记》卷28《封禅书第六》，中华书局1982年版，第1384页。

黄老又喜欢专权的窦太后，长公主的丈夫陈午又是汉初开国功臣陈婴之孙，所以她在宫内、朝中均有很大的势力。武帝刘彻的母亲王夫人也极力巴结长公主嫖，企图利用她争得后位。于是，嫖就经常在景帝面前替刘彻鼓吹："日誉王夫人男之美。"①在长公主同王夫人勾结下，汉景帝终于废掉原来立的太子，而立王夫人之子刘彻为太子。"武帝得立为太子，长主有力"②。阿娇被立为武帝后，自然就"时得幸"③而"擅宠骄贵"了。但是，这位贵胄出身的陈皇后在汉武帝身边却"十余年而无子"，而一个出身低微的卫子夫偏偏一次"得幸"，就获得了汉武帝的"尊宠"，遂使陈皇后不胜其怒。由于嫉妒，陈皇后就以"巫蛊祠祭祝诅"④妄图暗害卫子夫。

所谓"巫蛊"和"祝诅"，乃是一种巫术迷信活动。这种活动就是利用巫师对某人进行诅咒，或将某人名字刻在木偶上埋于地下，对其诅咒。当时人们相信这样做会给被诅咒对象带来灾难，甚至导致被诅咒对象的死亡。所以汉代法律规定对进行"巫蛊""祝诅"者要给予严厉的制裁。元光五年（公元前130年）陈皇后的"巫蛊"活动被武帝得知，遂令

---

① （汉）司马迁撰：《史记》卷49《外戚世家第十九》，中华书局1982年版，第1977页。

② （汉）班固撰，（唐）颜师古注：《汉书》卷97上《外戚传第六十七上》，中华书局1962年版，第3948页。

③ 王友怀、魏全瑞主编：《昭明文选注析》，三秦出版社2000年第1版，第121页。

④ （汉）班固撰，（唐）颜师古注：《汉书》卷97上《外戚传第六十七上》，中华书局1962年版，第3948页。

侍御史张汤"治陈皇后蛊狱"，张汤受命后"深竟党与"①，大肆株连。在他的"穷治"之下，陈皇后被判"大逆无道"之罪，"相连及诛者"竟然达"三百余人"②。陈皇后的"巫蛊之狱"，实际上是汉武帝借机诛杀与清算窦太后在宫内余党的一次斗争。如前所述，汉武帝即位之初，窦太后权势很大，在统治思想上坚持黄老之学，同武帝直接对立。她死之后在宫内必然仍有一批余党，而其中应以她的外孙女"擅宠骄贵"的陈皇后最为尊贵。因此，汉武帝大兴"巫蛊之狱"惩治陈皇后，实为扫清窦太后在宫内外的势力。这是汉武帝时期统治阶级内部第一次以"巫蛊"的形式进行的大规模的自相残杀。③

历史上称为"巫蛊之祸"的事件，发生在汉武帝征和二年（公元前 91 年）。这次统治阶级内部残杀，直接影响到汉武帝死后的继位人的确定。因此，这一事件对武帝晚年的政局有着较大的影响。

汉武帝前后共有六个儿子：卫皇后生太子据；赵倢伃生弗陵；王夫人生齐怀王闳；李姬生燕剌王旦、广陵王胥；李夫人生昌邑哀王髆。元狩元年（公元前 122 年）卫皇后所生

---

① （汉）司马迁撰：《史记》卷 122《酷吏列传第六十二》，中华书局 1982 年版，第 3138 页。

② （汉）班固撰，（唐）颜师古注：《汉书》卷 97 上《外戚传第六十七上》，中华书局 1962 年版，第 3948 页。

③ 参见林剑鸣著：《秦汉史》，上海人民出版社 2003 年版，第 442—443 页。

之子刘据被立为太子。太子据的性格、作风虽与武帝完全不同，但武帝最初对他特别喜欢。如果没有意外，武帝死后由刘据继位应该是没有问题的。

征和二年（公元前91年），卫皇后之姐君孺与丞相公孙贺之子公孙敬声，横行不法，盗用北军钱一千九百万，事发被捕下狱。当时汉政府正在缉拿一名逃犯朱安世，公孙贺请求捕拿朱安世赎子敬声之罪。后来，朱安世果然被捕。朱安世被捕后在狱中上书，揭发公孙敬声与武帝女阳石公主私通，并在武帝经过之甘泉宫驰道下埋偶人"祝诅有恶言"①，汉武帝得知后，令人将公孙贺父子及其家族处死。卫皇后弟子长平侯伉及诸邑公主、阳石公主皆被牵连而被诛。事过之后，汉武帝对"巫蛊"的疑心更大了。当时，各地方士及巫师也多聚于京师，不少女巫往来宫中，有些嫔妃在宫内埋偶人诅咒所嫉妒的仇人，有的则向武帝告发。于是，武帝就将后宫及有牵连之大臣数百名以"巫蛊祝诅"之罪处死。"巫蛊之祸"的范围逐渐扩大，最后竟然株连到太子与卫皇后的头上。

据《汉书·戾太子刘据传》记载，汉武帝二十九岁时喜得太子，十分宠爱，"为立禖，使东方朔、枚皋作禖祝。少壮，诏受《公羊春秋》，又从瑕丘江公受《穀梁》。及冠就宫，上

---

① （汉）班固撰，（唐）颜师古注：《汉书》卷66《公孙刘田王杨蔡陈郑传第三十六》，中华书局1962年版，第2878页。

为立博望苑，使通宾客，从其所好。"① 可见，为了太子的成长教育，武帝倾注了大量的心血。然而正是在武帝"从其所好"的宠爱下，久而久之，在太子周围形成了一股强大的势力集团。太子不仅拥有以大司马、大将军卫青为首的军事集团和以皇后卫子夫为首的后宫势力的鼎力支持，而且还得到了"群臣宽厚长者"们的拥戴。随着太子羽翼的日益丰满，武帝对太子的态度也逐渐发生了变化。另据《资治通鉴·汉纪十四》记载：

> 初，上年二十九乃生戾太子，甚爱之。及长，性仁恕温谨，上嫌其材能少，不类己；而所幸王夫人生子闳，李姬生子旦、胥，李夫人生子髆，皇后、太子宠寝衰，常有不自安之意。上觉之，谓大将军青曰："汉家庶事草创，加四夷侵陵中国，朕不变更制度，后世无法；不出师征伐，天下不安；为此者不得不劳民。若后世又如朕所为，是袭亡秦之迹也。太子敦重好静，必能安天下，不使朕忧。欲求守文之主，安有贤于太子者乎！闻皇后与太子有不安之意，岂有之邪？可以意晓之。"大将军顿首谢。皇后闻之，脱簪请罪。太子每谏征伐四夷，上笑曰："吾当其劳，以逸遗汝，不亦可乎！"上每行幸，常以后事付太子，宫内付皇后；有所平决，还，白其最，上亦无异，有时不省也。上用法严，多任

---

① （汉）班固撰，（唐）颜师古注：《汉书》卷 63《武五子传第三十三》，中华书局 1962 年版，第 2741 页。

深刻吏；太子宽厚，多所平反，虽得百姓心，而用法大臣皆不悦。皇后恐久获罪，每戒太子，宜留取上意，不应擅有所纵舍。上闻之，是太子而非皇后。群臣宽厚长者皆附太子，而深酷用法者皆毁之；邪臣多党与，故太子誉少而毁多。卫青薨，臣下无复外家为据，竞欲构太子。上与诸子疏，皇后希得见。太子尝谒皇后，移日乃出。黄门苏文告上曰："太子与宫人戏。"上益太子宫人满二百人。太子后知之，心衔文。文与小黄门常融、王弼等常微伺太子过，辄增加白之。皇后切齿，使太子白诛文等。太子曰："第勿为过，何畏文等！上聪明，不信邪佞，不足忧也！"上尝小不平，使常融召太子，融言"太子有喜色"，上嘿然。及太子至，上察其貌，有涕泣处，而伴语笑，上怪之；更微问，知其情，乃诛融。皇后亦善自防闲，避嫌疑，虽久无宠，尚被礼遇。[1]

上面的"上用法严，多任深刻吏；太子宽厚，多所平反"寥寥数语便道出了汉武帝与太子据在内外方略上存在的巨大分歧。可以说，太子的言行举措不仅仅代表着他个人，而且也代表着拥戴和支持太子的整个势力派集团。所以每当太子劝谏武帝不要征伐四夷时，武帝虽能笑言相慰说："吾当其劳，以逸遗汝，不亦可乎！"但是武帝内心十分清楚，太子势力已构成了他施政与权力的障碍。

---

[1] （宋）司马光编著，（元）胡三省音注：《资治通鉴》卷22《汉纪十四》，中华书局1956年第1版，第726—727页。

太子刘据自幼便受《公羊春秋》《穀梁》的儒学经意的教育，性格仁德宽厚，与其父军事上对外扩张，内政上任用酷吏治官的张汤的政治路线多有分歧。从太子刘据能不断劝谏武帝不要征伐四夷事，能对武帝冤狱"多所平反"，能赢得众多大臣和天下百姓的拥戴等事中，足可看出他绝不是一个庸庸无能之辈，汉武帝说他"材能少"是难以服人的。相反，正是因为太子才能出众，才变成了汉武帝施政的潜在反对者。太子势力的存在与壮大已经构成了对武帝晚年统治的潜在的威胁，这很可能就是汉武帝对太子的态度由宠爱到嫌恶再到芒刺在背，最终除之而后快的变化原因。①

从另一种意义上说，上述汉武帝安慰卫青、皇后和太子的那一番话，很可能是汉武帝对太子举措的不满和婉言的一种警告。江充之所以能得到汉武帝的重用，并敢于屡屡向皇后与太子发难，正是武帝假江充之手来打击和抑制太子的高明之举。可以设想，如果没有汉武帝的暗中支持和默许纵容，江充如何敢开罪太子和皇后呢？

元封五年（公元前106年），大将军卫青薨，卫太子在外朝的倚重势力顿减。太始三年（公元前94年），昭帝降生，号钩弋子。"妊身十四月乃生，上曰：'闻昔尧十四月而生，

---

① 参见张小锋著：《西汉中后期政局演变探微》，天津古籍出版社2007年版，第16—17页。

今钩弋亦然。'乃命其所生门曰尧母门"①。这一命名显然表明了武帝欲将帝位传与刘弗陵的意向。加之此时皇后卫子夫年老色衰，早已不得武帝的欢心，江充等人又趁机发难，以治巫为名，将祸水有条不紊地引向太子、皇后，卫太子的地位于是岌岌可危。这样，一场以铲除太子势力为目的的高层政治大地震，已经隐隐箭在弦上不能不发了。

江充本名江齐，字次倩，邯郸人，有妹嫁与赵太子丹，因而江齐得幸于赵敬肃王。后因得罪赵太子丹被追捕，遂改名江充投奔长安，向汉武帝告发赵太子丹"奸乱"等罪，并自愿出使匈奴，归来后拜为直指绣衣使者，"督三辅盗贼，禁察逾侈"，甚得汉武帝的欢心。有一次江充遇到太子据家人在只准皇帝行走的甘泉宫驰道行走，太子据请求江充勿告武帝，充不听，向武帝报告。武帝大为赞赏，"大见信用，威震京师"②。江充敢于开罪太子据，并非此人真正维护法纪朝纲，而是见到"武帝末，卫后宠衰"③，窥伺到武帝对太子不满才敢这样做的。当时，汉武帝正命江充负责搜察巫蛊，江

---

① （汉）班固撰，（唐）颜师古注：《汉书》卷97上《外戚传第六十七上》，中华书局1962年版，第3956页。

② （汉）班固撰，（唐）颜师古注：《汉书》卷45《蒯伍江息夫传第十五》，中华书局1962年版，第2177、2178页。

③ （汉）班固撰：《汉书今注》卷63《武五子传第三十三》，王继如整理，凤凰出版社2013年第1版，第1609页。

充即大肆株连收捕"坐而死者前后数万人"①。由于得罪了太子，江充惧怕以后太子继位对自己不利，就利用搜察巫蛊之机诬陷太子，先向武帝报告说宫中有蛊气，然后从不得宠的妃子夫人宫中搜察，再至卫后宫中，据说果然在太子宫中找到桐木人。于是江充即向武帝报告。太子据得知此消息后，向武帝"请问皆不报"②，在十分紧张的情绪下，与皇后商议矫诏发兵捕杀江充，并攻入丞相府。汉武帝派丞相刘屈氂领兵围捕太子，并返回建章宫亲自督战。结果太子兵败，卫后自杀，太子的家人多被杀死。太子据本人东逃到湖（今河南阌乡境），藏在贫民家，不久因被官府发觉，自刭而死。

太子据死后，高寝郎车千秋替太子申冤。武帝遂擢车千秋为丞相，"族灭江充家"③，并将逮捕太子之官吏一一处死。

在这场以皇帝与太子权力斗争为核心的"巫蛊之祸"中，各方势力都为了自己的利益而多少地卷入了其中。如以武帝李夫人为首的李氏集团就企图火中取栗，乱中夺权。征和三年（公元前90年）李广利奉命击匈奴，广利为武帝妃李夫人弟，而广利之女又为丞相刘屈氂之妻。李广利出兵前曾与刘

---

① （汉）班固撰，（唐）颜师古注：《汉书》卷45《蒯伍江息夫传第十五》，中华书局1962年版，第2178页。

② （宋）司马光编著，（元）胡三省音注：《资治通鉴》卷22《汉纪十四》，中华书局1956年版，第728页。

③ （汉）班固撰，（唐）颜师古注：《汉书》卷63《武五子传第三十三》，中华书局1962年版，第2747页。

屈氂暗谋，立李夫人之子昌邑王髆为太子。后治巫蛊之狱，内令郭穰报告说丞相夫人亦为巫蛊咒诅皇帝，追查之下又发现刘屈氂与李广利的阴谋。于是武帝下令诛刘屈氂全家、捕李广利妻子。当时李广利正在前线，听到这一消息后，即投降匈奴，致使战争大败。

总之，经过这场由汉武帝与太子矛盾引发、由江充推波助澜的"巫蛊之祸"，前后被杀者数万人，朝中威胁武帝皇权的卫氏集团（主要有卫皇后、太子刘据、诸邑、阳石、当利三公主、武帝姊平阳公主、丞相公孙贺、太仆公孙敬声、大将军卫青、骠骑将军霍去病等人为首的利益集团）与李氏集团（主要有李夫人、昌邑哀王刘髆、贰师将军李广利、丞相刘屈氂、重合侯莽通、侍中莽何罗、御史大夫商丘成、直指绣衣使江充等人为首的利益集团）被铲除。表面上看，所谓巫蛊之祸，是江充身后的李氏集团为维护本集团利益而采取的旨在彻底打垮卫氏集团的政治行动，但背后的真正主宰之主却是汉武帝本人，汉武帝正是这场最高统治集团权力斗争的最后胜利者。

事实上，从汉武帝将汉昭帝降生之地取名为"尧母门"的那一刻起，武帝便在为昭帝的嗣位逐步清除障碍。当时，在汉武帝的六个儿子中，齐怀王闳立八年就死去，按次序应由燕王旦为太子，但燕王旦继位心切，主动上书求宿卫，后又犯法，使武帝厌恶。广陵厉王胥"好倡乐逸游"，"动作无法度"①，亦不为武帝所喜爱，昌邑王髆则因李广利、刘屈氂的缘故当然也不能立。因此，当太子刘据失宠及冤死后，昭帝嗣位已经水到渠成。

从汉武帝立幼子刘弗陵而排除了其他诸子上位的可能性中可以看出，成年太子与他政争与权争的阴影以及对皇权控制不稳定因素所带来的种种不安全感对他的影响该有多么大了。

二、汉武帝晚年的纠错

从天汉元年（公元前 100 年）开始，汉帝国不幸的事情频频发生。

一是汉武帝对匈奴战争的失败。天汉二年（公元前 99 年）、天汉四年（公元前 97 年）、征和三年（公元前 90 年）李广利等人对匈奴战争失败，最后李广利率七万大军败降匈奴。

二是从天汉二年（公元前 99 年）开始，小规模的民间动乱不断发生。征和三年（公元前 90 年）酷吏田广明为淮阳太守时，当地"郡国盗贼并起"②的状况就说明了这一点。

---

① （汉）班固撰，（唐）颜师古注：《汉书》卷 63《武五子传第三十三》，中华书局 1962 年版，第 2760 页。

② （汉）班固撰，（唐）颜师古注：《汉书》卷 90《酷吏列传第六十》，中华书局 1962 年版，第 3663 页。

三是发生于征和一、二年的巫蛊之祸，使得高层统治集团内部元气大伤，汉武帝对国家治理的信心也从此每况愈下。

从公元前 100 年至前 90 年十年间连续发生的这三件大事，使得汉帝国国力伤耗、民生疾苦，"民力屈，财用竭，因之以凶年，寇盗并起，道路不通"①。汉武帝不愧为一代雄主，关键时刻他从中看到了统治的危机，决心改弦更张，及时将国家治理的中心转移到恢复与增强国力与关注民生上面。

1. 颁布轮台悔过诏书

征和四年（公元前 89 年），搜粟都尉（武帝军官，专管征集军粮）桑弘羊与丞相、御史联合上奏：轮台东有溉田五千顷以上，可遣屯田卒，置校尉三人分护，益种五谷。除派遣屯田卒屯田外，还提出要"募民壮健……敢徙者诣田所……益垦溉田"②，以及"筑列亭"、隧（边塞设置的守望烽火的亭子，同"燧"）等有关设施。武帝就此事下了一道诏书，即轮台诏，实际是罢轮台屯田诏。《汉书·西域传下》载有全文，其精神和内容主要如下：

第一，悔征伐之事。《汉书·西域传下》载"是时军旅连出，师行三十二年，海内虚耗。征和中，贰师将李广利以军

---

①　（汉）班固撰，（唐）颜师古注：《汉书》卷 96 下《西域传第六十六下》，中华书局 1962 年版，第 3929 页。

②　（汉）班固撰，（唐）颜师古注：《汉书》卷 96 下《西域传第六十六下》，中华书局 1962 年版，第 3912 页。

降匈奴"。武帝"悔远征伐"，轮台诏中讲了对西域和匈奴用兵造成的粮草的困难、士卒的伤亡、作战决策的难度及失误等等。诏云："今又请遣卒田轮台，轮台西于车师千余里。"指出征和三年（公元前90年），"前开陵侯（匈奴介和王降汉后封为开陵侯）击车师时，危须、尉犁、楼兰六国子弟在京师者皆先归，发畜食迎汉军，又自发兵，凡数万人，王各自将，共围车师，降其王。"自后"诸国兵便罢"，已"不能复至道上食汉军"。又说"汉军破城，食至多"，然士卒自己载运的不足以供师旅食用。因此，行军途中，身体强壮的吃的是畜产品，身体弱的在道路上死的有数千人。"朕发酒泉驴、橐驼负食，出玉门迎军。吏卒起张掖，不甚远，然斩留甚众。"

这实际上是说用兵西域解决粮草的运输问题是很困难的。过去开陵侯击车师是西域六国军队配合作战，给汉军以粮草，现在已没有这个条件。由于粮草运输困难，所以那时因路上没吃的东西，饿死了几千人。汉武帝设法从酒泉、张掖出玉门关送粮迎军，也不是很成功。

轮台诏书中还谈了对匈奴作战时决策的困难和胜败的难于把握。诏书中说，"古者卿大夫与谋，参以蓍龟，不吉不行"，即古代在临战前除与卿大夫谋议外，还要辅之以蓍龟占卜，不吉利不能行动。按此程序，对匈奴作战前曾用《易》术占卜，"卦得大过，爻在九五，匈奴困败。公车方士，太史治星望气，及太卜龟蓍，皆以为吉，匈奴必破，时不可再得也。"这样便选择了一个能获胜的好时间。占卜又说："北伐行将，于鬴山必克。""卦诸将，贰师最吉"，因此"朕亲贰发师下鬴山，诏之必毋深入"。然而，得到的结果，与计谋占卜的卦兆完全相反，所以，"乃者贰师败，军士死略离散，悲痛常在朕心"[①]，等等。

最后，汉武帝的结论是："今请远田轮台，欲起亭隧，是扰劳天下，非所以优民也。今朕不忍闻。"这就是说，汉武帝认识到轮台屯田的意见是扰劳天下民众，而不是优惠民众，他"不忍闻"。最终，远田轮台的意见被汉武帝否定。

班固在《汉书·西域传下》中称轮台诏为"哀痛之诏"。诏书陈述了在战争中遭受的种种苦难之后说出"悲痛常在朕心"，表示了汉武帝"悔征伐之事"的内心世界，也说明了他由过去不断出军，一转而为"不复出军"政策的转变。

第二，"禁苛暴、止擅赋、力本农"，这是轮台诏又一重要内容。轮台诏中一开头就说："前有司奏，欲益民口赋三十助边用，是重困老弱孤独也。""而今又请遣卒田轮台"云云，自然就会更加加重民众的负担。轮台诏中还指出："今边塞未正，阑出不禁，障候长吏使卒猎兽，以皮肉为利，卒苦而烽火乏。"因此，汉武帝在诏书中提出了"当今务在禁苛暴，止擅赋，力本农"的切中时弊的措施，换句话说就是要与民休息，重视农业发展。

---

① （汉）班固撰，（唐）颜师古注：《汉书》卷 96 下《西域传第六十六下》，中华书局 1962 年版，第 3912—3913 页。

　　第三，鼓励养马，防止缺乏武备。在轮台诏中，武帝还提出"修马复令，以补缺，毋乏武备而已。郡国二千石各上进畜马方略补边状，与计对"①。这说明武帝在轮台诏中考虑还是较全面的，一方面悔征伐之事，另一方面又防止缺乏武备，不愧是一位英明君主。

　　第四，罢斥方士。轮台诏充分反映了汉武帝治国方针改弦更张的精神。在这一方针的指引下，汉武帝采取了一系列的具体措施，有的措施虽然轮台诏中没有提到，但也可以视为是轮台诏内容的有机组成部分。如征和四年（公元前89年）三月，大鸿胪车千秋曰："方士言神仙者甚众，而无显功，臣请皆罢斥遣之！"武帝曰："大鸿胪言是也。""于是悉罢诸方士候神人者。是后上每对群臣自叹：'向时愚惑，为方士所欺。天下岂有仙人，尽妖妄耳！节食服药，差可少病而已。'"②

　　以上四点是轮台诏的主要精神和内容。

　　在西汉历史上，轮台诏无疑有着重大历史意义，说明汉武帝此时的悔悟已发展到对过去军事征伐匈奴的评估了。征和四年（公元前89年）三月，武帝对群臣曰："朕即位以来，所为狂悖，使天下愁苦，不可追悔。自今事有伤害百姓，糜费

---

　　① （汉）班固撰，（唐）颜师古注：《汉书》卷96下《西域传第六十六下》，中华书局1962年版，第3913—3914页。

　　② （宋）司马光编著，（元）胡三省音注：《资治通鉴》卷22《汉纪十四》，中华书局1956年版，第737页。

天下者，悉罢之！"①这一段话的精神与轮台诏的精神是一致的，从这段话可以了解汉武帝轮台诏的更始政策的总精神。②

2. 转变国策于恢复发展经济

传统时代，发展经济就是指发展农业。上面说过，汉武帝在轮台诏中有"当今务在禁苛暴、止擅赋、力本农"，又"封丞相车千秋为富民侯，以明休息，思富养民也"③，这清楚说明了汉武帝晚年政策调整的核心所在。

为推行"禁苛暴、止擅赋、力本农"的固本政策，汉武帝采取了以下措施。

第一，任用赵过为搜粟都尉，推行代田法。代田法具有以下几个特点。

（1）把轮流休耕制与年年耕作制相结合。中国西周、春秋时存在着休耕制，战国时出现了年年耕作制。代田法的一个特点就是把休耕制与年年耕作制结合起来。代田法耕种时是"一亩三甽，岁代处，故曰代田"④。这就是说代田法耕种时把一亩的地方分为三条甽和三条垄，沟深一尺、宽一尺，

---

① （宋）司马光编著，（元）胡三省音注：《资治通鉴》卷22《汉纪十四》，中华书局1956年版，第738页。

② 参见杨生民著：《汉武帝传》，人民出版社2001年版，第342—345页。

③ （汉）班固撰，（唐）颜师古注：《汉书》卷96下《西域传第六十六下》，中华书局1962年版，第3914页。

④ （汉）班固撰，（唐）颜师古注：《汉书》卷24上《食货志第四上》，中华书局1962年版，第3138页。

垄也宽一尺，种子种在沟中。第二年耕种时，沟改为垄，垄改为沟，种子又种在沟中，这就是易地耕种，也就是轮换休耕制。这样就可以看出，在一亩地的三条沟、三条垄间，年年在轮换休耕，而从整个这一亩地看却年年都在耕作。这样就把休耕制与年年耕作制结合了起来。

（2）代田法是一种把除草与抗旱保墒、防风抗倒伏结合起来的耕作方法，上已述种子种在沟中，等禾苗长大后，一边除草一边把垄上的土填在沟中，使禾苗根扎得深。这样就把除草与抗旱保墒、防风防倒伏都结合了起来。

（3）代田法先在离宫旁的闲置土地上实验成功，而后才推广到三辅、弘农、河东、西北边郡居延城等地。

（4）代田法能够提高劳动生产率、提高亩产量。《汉书·食货志》载，用代田法耕种"一岁之收常过缦田亩一斛以上，善者倍之"。

第二，推广新式农具。赵过推广代田法时，使用耦犁，二牛三人。另外推广耧，耧是土法播种器，一直到新中国成立前后，耧还在广泛使用。这些新式农具的使用对后世农业发展有很大影响。

第三，教民互相换工用人拉犁，垦辟土地。《汉书·食货志》载："故平都令光教过以人挽犁。过奏光以为丞，教民相与庸挽犁。率多人者，田日三十亩，少者十三亩，以故田多垦辟。"所谓"教民相与庸挽犁"，就是让民众互相换工给对方拉犁。人多的一天可犁三十亩地，人少的也犁十三亩地，所以个别地区收到了"田多垦辟"的效果。

第四，让官府冶铁业为推广代田法制造农具。《汉书·食货志》载，赵过在三辅地区推行代田法时，"大农置工巧奴与从事，为作田器"①，就说明了这一点。

汉武帝末年所推行的"力本农"等发展农业经济的政策和措施，为后来的昭宣中兴奠定了基础。王船山说："武帝之能及此也，故昭帝、霍光承之，可以布宽大之政，而无改道之嫌。"②这是汉武帝晚年为国家、后代解决的一大难题。③

3.合理安排好身后大事

在处理完与太子刘据权争后，汉武帝紧张的精神并没有得到少许缓解。因刘弗陵年幼，武帝恐日后女主专政、皇权旁落，又特将弗陵之母钩弋夫人赐死。

武帝晚年有病，身体不好。巫蛊之祸后悔恨交加，身体更加不好。征和四年（公元前 89 年）六月封车千秋为丞相，车千秋曾与御史大夫、中二千石官员给武帝祝寿颂美德，武帝为此下诏书说："朕之不德，自左丞相与贰师阴谋逆乱，巫蛊之祸流及士大夫。朕日一食者累月，乃何乐之听？痛士大夫常在心，既事不咎……至今余巫颇脱不止，阴贼侵身，

----

① （汉）班固撰，（唐）颜师古注：《汉书》卷 24 上《食货志第四上》，中华书局 1962 年版，第 3139 页。

② （清）王夫之撰，舒士彦点校：《读通鉴论》卷 3《武帝》，中华书局 1975 年第 1 版，第 70 页。

③ 参见杨生民著：《汉武帝传》，人民出版社 2001 年版，第 346—348 页。

远近为蛊，朕愧之甚，何寿之有……谨谢丞相、二千石各就馆……毋有复言。"①这说明巫蛊之祸后武帝已经身心俱疲，寝食兼废，对往事有所悔悟，不得不考虑立储后事了。

最重要的是，等处理完内争巩固权力后，汉武帝的时日也不多了。为此，他不得不床前托孤，以光禄大夫霍光为大司马、大将军，以金日磾为车骑将军，以上官桀为左将军，以桑弘羊为御史大夫，与丞相车千秋五大臣共辅少主刘弗陵。

同时制诏皇太子，其文如下：

> 朕体不安，今将绝矣！与地合同，众（终）不复起。谨视皇大（天）之笥（嗣），加曾（增）朕在。善禺（遇）百姓，赋敛以理；存贤近圣，必聚谋士；表教奉先，自致天子。胡核（亥）自次（恣），灭名绝纪。审察朕言，众（终）身毋欠。苍苍之天不可得久视，堂堂之地不可得久履，道此绝矣！告后世及其孙子，忽忽锡锡（惕惕），恐见故里，毋负天地，更亡更在，去如舍庐，下敦间里。人固当死，慎毋敢怯。②

在汉武帝去世前物色的几个辅政大臣中，尤以霍光特别受到信任。

---

① （汉）班固撰，（唐）颜师古注：《汉书》卷66《公孙刘田王杨蔡陈郑传第三十六》，中华书局1962年版，第2885页。
② 转引自张小锋著：《西汉中后期政局演变探微》，天津古籍出版社2007年版，第24页。

霍光是霍中孺之子，中孺曾以县吏给事平阳侯家，与侯家侍者卫少儿通而生霍去病，中孺归家后又娶妇生霍光。后来卫少儿之妹卫子夫嫁给武帝立为皇后，霍去病也以"皇后姊子贵幸"。霍去病知道中孺为己父后，即给中孺买田宅奴婢，并将霍光接至长安，始任郎，继迁诸曹侍中。霍去病死后，霍光为奉车都尉、光禄大夫"出入禁闼二十余年，小心谨慎，未尝有过，甚见亲信"。武帝去世前"察群臣唯光任大重，可属社稷"，决意让他辅佐少子弗陵，并赐给他一幅周公负成王朝会见诸侯的图画，表示对霍光的信赖和希望，武帝对霍光说"立少子，君行周公之事"①。在立太子时，武帝下令处死钩弋夫人，也无非是为霍光执政扫除可能的障碍。因此，昭帝即位时在这几位辅政大臣中，"未任听政，政事一决大将军光。"②"大将军光秉政，领尚书事，车骑将军金日磾、左将军上官桀副焉。"③桑弘羊虽也受遗诏辅政，但比前三人则地位稍低。因此，朝政实际上皆操于霍光的手中。在汉昭帝即位初期，实际是霍光秉政。④

汉后元二年（公元前 87 年）二月丁卯，武帝崩于五柞

---

① （汉）班固撰，（唐）颜师古注：《汉书》卷 68《霍光金日磾传第三十八》，中华书局 1962 年版，第 2932 页。

② （汉）班固撰，（唐）颜师古注：《汉书》卷 66《公孙刘田王杨蔡陈郑传第三十六》，中华书局 1962 年版，第 2886 页。

③ （汉）班固撰，（唐）颜师古注：《汉书》卷 7《昭帝纪第七》，中华书局 1962 年版，第 217 页。

④ 参见林剑鸣著：《秦汉史》，上海人民出版社 2003 年版，第 447 页。

宫。戊辰，太子即皇帝位，是为汉昭帝。霍光、金日磾、上官桀共领尚书事，遵遗命，辅幼主，休养生息，知时务之要，轻徭薄赋，与民休息，"因循守职，无所改作"①，从而促成了昭宣中兴局面的出现。

司马光针对汉武帝一生活动所造成的社会问题及其最后结局曾作有如下评说：

> 孝武穷奢极欲，繁刑重敛，内侈宫室，外事四夷，信惑神怪，巡游无度，使百姓疲敝，起为盗贼，其所以异于秦始皇者无几矣。然秦以之亡，汉以之兴者，孝武能尊先王之道，知所统守，受忠直之言，恶人欺蔽，好贤不倦，诛赏严明，晚而改过，顾托得人，此其所以有亡秦之失而免亡秦之祸乎！②

从汉武帝的一生活动来看，这一论述应当说还是比较客观的。汉武帝晚年确实出现了与秦始皇晚年相似的形势。然而在相似的形势下为什么"秦以之亡，汉以之兴"呢？司马光从汉武帝与秦始皇的差别方面探讨了这一问题，指出了以下两点。

---

① （汉）班固撰，（唐）颜师古注：《汉书》卷89《循吏传第五十九》，中华书局1962年版，第3624页。
② （宋）司马光编著，（元）胡三省音注：《资治通鉴》卷22《汉纪十四》，中华书局1956年版，第747页。

第一，"孝武能尊先王之道，知所统守，受忠直之言"，而秦始皇则"灭先王之道""专任刑罚"，晚年受奸佞之臣的包围，听不进去忠谏之言。

第二，汉武帝"晚而改过，顾托得人"，这一点最重要。秦皇汉武虽然都能做到"好贤不倦，赏罚严明"，但汉武晚年选拔出了霍光、上官桀和金日磾这样值得托孤受遗诏辅幼主的大臣，这是秦皇、汉武的最大区别。秦皇所托之人无非是李斯、赵高、蒙恬，但前二人皆为祸乱社稷之臣，后一人也无大智大勇，况且他不认错、不悔过，最终导致二世而亡。汉武敢于认错、悔过、纠错，临终又"顾托得人"，尚能拨乱反正，故虽犯有重大错误但最后仍能转危为安。因此，与秦皇相较，汉武帝是"有亡秦之失而免亡秦之祸"，在政治智慧上应高于秦始皇。

结　语　汉武帝治国论

汉武帝即位时的形势与汉朝前几代皇帝已有很大的不同，一方面功臣集团和诸侯王国的势力都已经受到削弱，另一方面皇权较前得到很大程度的增强，功臣集团、诸侯王国与皇权相抗衡的局面已得到很大的改观，故而汉武帝初登皇位，即试图改变汉初以来的无为政治，实现其所构想的"文治武功"的宏伟目标。汉武帝对于国家的内政与外交，大力改革。其所作所为，始终围绕着一个中心问题，这就是纠错补弊，开拓进取，加强中央集权与巩固王朝统治，维护多民族国家的统一、稳定与繁荣。

一、削弱相权与封国势力

汉初，丞相权力很大。随着汉王朝统治的巩固，皇权与相权之间的矛盾逐渐暴露出来。显然，汉武帝如要实现他的政治理想蓝图，首先就必须对内进一步强化中央集权，对外解除匈奴对汉帝国的北部边疆威胁。而中央集权的关键，主要就是如何强化皇权的专制地位。为此，汉武帝在即位后的最初几年中，将其主要精力放在如何削夺以丞相为首的政府权力上，对诸侯王国则采取笼络、稳定的策略。在中央行政体制上，汉武帝提高"内朝"在决策机制中的作用，实行"内朝"决策、"外朝"执行的职权分工制度。"中朝"与"外朝"的分化，削弱了丞相与"外朝"的职权，形成以"中"驭"外"、以轻驭重的格局，使权力最终全部集中在皇帝的手中，便于皇帝乾纲独断与集中力量做成些大事情。

随着相权弱化，汉武帝开始把打击目标指向当时仍对专制皇权形成严重威胁的诸侯王国上面。汉武帝时期的王国政策，是对文、景以来的王国政策的继承、完善和发展，在汉武帝控制诸侯王国的一系列措施中，他通过颁布"推恩令"、穷治诸侯王谋反之狱、重申"左官律"和"附益法"、采用"酎金律"、实行盐铁官营、改革币制、建立刺史制度等措施，渐次解决了诸侯王国利用其政治、经济特权抵抗中央政府等问题，使得汉初以来长期存在的王国问题最终得到了比较圆满的解决。

二、抑制豪强，垄断经济

汉武帝时代，国家推行官营盐铁、建立均输制度和平准制度、统一货币，采取"算缗"和"告缗"等直接打击大商贾的政策，使政府不仅获得经济利益，更重要的是为重农抑商奠定了经济基础。汉武帝所推行的经济改革，其目的主要是解决当时面临的财政困难，而这些措施推行的结果成功地解决了这种困难。不仅如此，这些措施的推行还大大加强了中央政府的经济力量，在政治上也有利于中央集权制度的巩固。

三、开疆拓土，拓边置郡

取得对匈奴战争的胜利和在前人基础上进一步开疆拓土，可以说是汉武帝一生最渴望实现的的伟大事业。他在大秦帝国原有疆域的基础上进一步开疆拓土、拓边置都。从"攘夷辟境"方面讲，汉武帝不仅制止了少数民族政权对中原地区的威胁，平定了南越、东越、西南夷，臣服了西域三十六国，而且打败了从商周时代起就一直威胁着北方边地的匈奴力量，使得宣元时期匈奴臣服于汉。在开疆拓土方面，过去历史上任何帝王都无法与他相媲美。汉宣帝曾以诏书的形式对汉武帝开疆拓土方面的功绩作有定论："孝武皇帝躬履仁义，选明将，讨不服，匈奴远遁，平氐、羌、昆明、南越，百蛮乡风，款塞来享。"① 客观而言，这个结论是基本符合历史事实的。

四、罢黜百家，独尊儒术

汉武帝时，社会经济充分发展，政治秩序已经稳定下来，探索一套长远有效的治国思想与政策的任务便被提上了日程。在这种情况下，汉武帝采纳董仲舒的建议，"罢黜百家，独尊儒术"。从此，儒家的准则被法律化并得到了其后历代王朝的支持与采用。以此为标志，阳儒阴法，儒法并用的霸、王道之术就成为了历代统治者执政的二柄。历史的经验告诉我们：秦皇以"焚书坑儒"而失败，汉武以"独尊儒术"而成功。事实上，无论秦皇还是汉武，其目的是相同的，那就是都要禁绝异端、统一思想、维护统治者的绝对权威，让自己的皇朝千秋万代地传承下去。不过，手段不同，效果也就大相径庭。秦皇以暴力高压而失败，汉武以"学而优则仕"的利诱却取得了巨大的成功。二者出发点并没有差别，但不同的政策结果即迥然不同。

---

① （汉）班固撰，（唐）颜师古注：《汉书》卷8《宣帝纪第八》，中华书局1962年版，第238页。

五、制度文章，冠于百王

汉武帝在创新方面可谓是开中国历代皇帝之首。汉武帝时代诸项之开创统计起来即有二十余项：

（1）汉武帝是中国君权时代第一位使用年号的皇帝，先是六年一个年号，后来四年一个年号，这为以后历代皇帝所继承。

（2）汉武帝是第一位在统一的封建国家制定、颁布太初历的皇帝，以正月为岁首这一点，一直延用至今。

（3）汉武帝时代，司马迁写出了我国第一部纪传体的史书《史记》，对后世的史学产生了巨大影响。

（4）汉武帝时期，出现了秦统一后中国最早见于史籍记载的《舆地图》，这对后世自然地理研究有着不可忽视的作用。

（5）汉武帝举贤良方正直言极谏之士对策，汉武帝亲自策问，选拔人才做官，为后世科举制的殿试制度创造了一项智慧，奠定了基础。

（6）汉武帝表彰六艺，尊崇儒术，最早以儒家思想作为国家的统治思想。

（7）汉武帝是中国历史上第一个从国立太学生中选拔官吏，懂得教育重要性的皇帝。元朔五年（公元前124年）为五经博士置弟子五十人，地方郡国可按一定条件选送一些人，可受业，如弟子，经考试，能通一艺以上，可用作官吏。从国立太学生中选拔官吏始于此。

（8）汉武帝在"尊崇儒术"的同时，又"悉延百端之学"，形成了在以儒家思想为意识形态的同时，又兼用百家的格局。这点对后世也影响巨大。

（9）元封二年（公元前109年），汉武帝亲临现场督察堵塞黄河瓠子决口。秦统一后，皇帝亲临现场治理黄河，这是第一次。

（10）汉武帝时推广耧车（土法播种机）下种，此后这一方法在中国沿用了两千多年。

（11）汉武帝派张骞通西域，打通了丝绸之路，促进了中、西双方的经济、文化交流，这在中国史上尚属首次。

（12）汉武帝元封六年(公元前105年)，以宗室女细君为公主嫁乌孙和亲。这是中国历史上首次与西域国家和亲。

（13）在轮台、渠犁屯田，并置使者、校尉。这是中国历史上首次在今中国新疆地区屯田。

（14）汉武帝时用井渠法作龙首渠，后传入新疆等地区，并进而传入波斯等地。

（15）汉武帝时从西域引进葡萄、苜蓿种植，从大宛引进了良种马——天马，西域的乐曲、魔术传至中国，中国的铸铁技术、丝织品、漆器传至大宛等地。

（16）汉武帝外施仁义，实行德治；同时又重视法治，用严刑峻法治理国家。采用"霸王道杂之"的统治策略，开君权时代历代最高统治者治术之先河。

（17）汉武帝将秦王朝的监察制度又向前推进了一大步。

元封五年（公元前 106 年），为加强对地方官吏和豪强的监察，置十三州部刺史，令六百石级别的刺史督察二千石级别的郡国守相。

（18）为加强皇权，改革丞相制度，设立中朝（内朝），对后来的丞相制度演变发生了重大影响。

（19）元鼎二年（公元前 115 年）禁郡国铸钱，专令国家所属上林三官铸钱，非三官钱不得流通，郡国以前所铸钱皆废销。从此国家垄断了铸造钱币的权力，对后世影响重大。

（20）汉武帝通过大量移民在西北边郡屯田，这对反击匈奴战争的胜利、经营西域起了重大作用，对后世也有重大影响。曹操在《置屯田令》中曾说"孝武以屯田定西域，此先代之良式也"就说明了这一点。

（21）汉武帝时任用官吏是多元化的。二千石以上官吏可通过任子制度使子孙当官；有钱人可通过"赀选"当官；先贤的后裔可以受到照顾，如贾谊的两个儿子就被关照当了郡守。然而，尤为突出的是汉武帝用人唯才是举、不拘一格。如皇后卫子夫是从奴婢中选拔出来的；卫青、霍去病分别是从奴仆和奴产子中选拔出来的；而丞相公孙弘、御史大夫儿宽，以及严助、朱买臣等人都是从贫苦平民中选拔上来的；御史大夫张汤、杜周和廷尉赵禹则是从小吏中选拔出来的。尤其值得注意的是汉武帝任用的一些将军是越人、匈奴人。而金日磾这样一位被汉军俘获让其在宫中养马的匈奴人，竟然与霍光、上官桀一齐被选拔为托孤的重臣。这些情况说明汉武帝选拔人才是不受阶级出身与民族差异限制的。然而，这不是说汉武帝用人没有标准，标准还是有的，标准就是"博开艺能之路，悉延百端之学"，"州郡察吏民有茂材异者，可为将相及使绝国者"。这就是说，只要愿为汉武帝治理国家事业奋斗，有艺能、有才干的人，能为将相和可以出使遥远国度的人都可任用。一句话，用人的标准是唯才是举。正因为如此，汉武帝时人才济济。班固因此在《汉书》中惊叹地说："汉之得人，于兹为盛！"这种现象的出现是值得认真研究的。

（22）汉武帝是中国历史上第一位派大军深入匈奴腹地进行决战的皇帝。

（23）汉武帝是中国历史上第一位提出要北方游牧民族——匈奴臣服于中原王朝的皇帝，为此又在今内蒙古筑受降城。汉武帝生前虽未达此目的，但在宣、元时期，匈奴归服汉朝为藩臣。

（24）征服西域。李广利伐大宛后，西域南道诸国多臣服于汉。汉宣帝神爵二年（公元前60年），匈奴日逐王降汉，匈奴不敢争西域，罢僮仆都尉。宣帝任命郑吉为西域督护，管理西域南、北道诸国，西域诸国臣服于汉。这在中国历史上是首次。

（25）汉武帝平定南越后，首次在今海南岛置儋耳郡、珠崖郡。①

---

① 参见杨生民著：《汉武帝传》，人民出版社2001年版，第449—452页。

（26）汉武帝是中国历史上第一个对少数民族与边疆地区采取"以其故俗治"方针的皇帝。他对匈奴浑邪王降汉的部众采取了"因其故俗为属国"的方针，对西域各国也是"从其国俗"而治。

（27）汉武帝在音乐、诗赋上也颇有造诣，在他的提倡下，汉赋和乐府都出现了兴盛的局面，音乐、舞蹈等都有所创新。汉武帝时期出现了许多才华卓越的文学家、史学家、艺术家。司马迁、司马相如、枚乘、东方朔、李延年等都是这个时期出现的文化、音乐大家。汉武帝本人也是诗赋的大家，他的代表作有《瓠子歌》《天马歌》《秋风辞》《悼李夫人赋》等。

六、结　论

汉武帝在国家治理上比较成功。

班固在《汉书·武帝纪》末赞曰：

> 汉承百王之弊，高祖拨乱反正，文景务在养民，至于稽古礼文之事，犹多阙焉。孝武初立，卓然罢黜百家，表章六经。遂畴咨海内，举其俊茂，与之立功。兴太学，修郊祀，改正朔，定历数，协音律，作诗乐，建封檀，礼百神，绍周后，号令文章，焕焉可述。后嗣得遵洪业，而有三代之风。

如武帝之雄材大略，不改文景之恭俭以济斯民，虽《诗》《书》所称，何有加焉！①

事实也正是如此。

汉武帝是中国历史上屈指可数的一位雄主。他最伟大的建树是巩固和发展了秦始皇建立的以皇权为核心的大一统的中央集权制度，把周秦以来中华民族的物质文明和精神文明推向了一个新的高峰。他所造就的西汉盛世可以概括成四大特征：政治上空前统一，经济上空前发展，国力上空前强盛，文化上空前繁荣。

汉武帝也是中国历史上最早敢于公开认错与纠错的皇帝。他一生所犯错误择其大者，主要与奢侈、黩武、迷信三条，然晚年一旦幡然悔悟，并不文过饰非，而是能下"罪己诏"，及时转变政策，认真改过，仍不失其崇高的历史地位。

最后，还是以中国近现代伟人毛泽东的评语结束本书：

汉武帝雄才大略，开拓刘邦的业绩，晚年自知奢侈、黩武、方士之弊，下了"罪己诏"，不失为鼎盛之世。②

---

① （汉）班固撰，（唐）颜师古注：《汉书》卷6《武帝纪第六》，中华书局1962年版，第212页。

② 吴冷西著：《忆毛主席》，新华出版社1995年版，第43页。

附　录

一、主要参考书目

（西汉）司马迁撰：《史记》，中华书局 1982 年校点本。

（东汉）班固撰：《汉书》，中华书局 1962 年校点本。

（宋）司马光编撰：《资治通鉴》，中华书局 1956 年校点本。

（汉）董仲舒著：《春秋繁露》，上海书店出版社 2012 年版。

吕思勉著：《秦汉史》，上海古籍出版社 1982 年版。

林剑鸣著：《秦汉史》，上海人民出版社 2003 年版。

田昌五、安作璋著：《秦汉史》，人民出版社 1993 年版。

白寿彝主编：《中国通史》第四卷（中古时代·秦汉时期），上海人民出版社 1995 年版。

甘黎明、刘新光著：《宏基初奠：秦汉改革及其因果成败》，南京大学出版社 2000 年版。

张小锋著：《西汉中后期政局演变探微》，天津古籍出版社 2007 年版。

唐燮军、翁公羽著：《从分治到集权——西汉的王国问题及其解决》，浙江大学出版社 2012 年版。

戚文、陈宁宁著：《两汉人物论》，上海东方出版中心 2013 年版。

王子今著：《秦汉史：帝国的成立》，中信出版社 2017 年版。

安作璋、熊铁基著：《秦汉官制史稿》，齐鲁书社 1984 年版。

杨生民著：《汉武帝传》，人民出版社 2001 年版。

卜宪群著：《秦汉的官僚制度》，社会科学文献出版社 2002 年版。

陈丽桂著：《董仲舒的黄老思想》，上海古籍出版社 1995 年版。

[英] 崔瑞德、鲁惟一编撰：《剑桥中国秦汉史》，中国社会科学出版社 2006 年版。

甘肃文物考古研究所等编校：《居延新简》，文物出版社 1990 年版。

甘肃文物考古所、甘肃省博物馆编：《汉简研究文集》，甘肃人民出版社 1984 年版。

葛剑雄著：《泱泱汉风》，长春出版社 1997 年版。

葛志毅著：《先秦两汉的制度与文化》，黑龙江教育出版社 1998 年版。

（汉）桓宽撰集，王利器校注：《盐铁论校注》，中华书局 1992 年版。

（汉）桓谭著，白兆麟校注：《桓谭新论校注》，黄山书社 2017 年版。

韩星著：《儒法整合——秦汉政治与文化论》，中国社会科学出版社 2005 年版。

何平立著：《巡狩与封禅——封建政治的文化轨迹》，齐鲁书社 2003 年版。

纪庸编著：《汉代对匈奴的防御战争》，上海新知识出版社 1955 年版。

金春峰著：《汉代思想史》，中国社会科学出版社 2006 年版。

李振宏著：《居延汉简与汉代社会》，中华书局 2003 年版。

李开元著：《汉帝国的建立与刘邦集团——军功受益阶层研究》，生活·读书·新知三联书店 2000 年版。

林剑鸣著：《秦汉社会文明》，上海人民出版社 1989 年版。

刘泽华著：《中国传统政治思维》，吉林教育出版社 1991 年版。

罗义俊著：《汉武帝评传》，上海人民出版社 1988 年版。

钱穆著：《秦汉史》，生活·读书·新知三联书店 2005 年版。

齐涛主编、王子今著：《中国政治通史（三）·走向大一统的秦汉政治》，泰山出版社 2003 年版。

孙家洲著：《两汉政治文化窥要》，中国人民大学出版社 2001 年版。

（清）孙星衍等辑，周天游点校：《汉官六种》，中华书局 1990 年版。

汤志均、钱杭著：《西汉的经学与政治》，上海古籍出版社 1994 年版。

汤贵仁著：《泰山封禅与祭祀》，齐鲁书社 2003 年版。

（汉）王充著：《论衡》，中华书局 1988 年版。

（宋）吴仁杰著：《两汉刊误补遗》，中华书局 1991 年版。

吴荣曾著：《先秦两汉史研究》，中华书局 1995 年版。

徐复观著：《两汉思想史》，华东师范大学出版社 2001 年版。

（宋）徐天麟著：《西汉会要》，上海人民出版社 1976 年版。

（清）严可均辑：《全汉文》，商务印书馆 1999 年点校本。

张分田：《中国的帝王观念》，中国人民大学出版社 2004 年版。

张家山汉墓竹简整理小组：《张家山汉墓竹简（247 号墓）》，文物出版社 2001 年版。

张荣明著：《中国的国教——从上古到东汉》，中国社会科学出版社 2001 年版。

周桂钿著：《秦汉思想史》，河北人民出版社 2000 年版。

周远廉著：《中国封建王朝兴亡史》（秦汉卷），广西人民出版社 1996 年版。

祝瑞开主编：《秦汉文化和华夏传统》，学林出版社 1993 年版。

二、汉武帝行政大事记

武帝建元元年（公元前 140 年），17 岁

诏举贤良方正直言极谏之士，董仲舒献《天人三策》。

行三铢钱。

免丞相卫绾，以窦婴为相，田蚡为太尉，赵绾为御史大夫。

武帝建元二年（公元前 139 年），18 岁

窦太皇太后厌儒干政，赵绾下狱自杀，窦婴、田蚡免官。

纳卫子夫为夫人，升卫青为太中大夫。

初置茂陵邑。

武帝建元三年（公元前 138 年），19 岁

代王登、长沙王发、中山王胜、洛川王明来朝。

闽越攻东瓯，遣使发兵救之，徙东瓯入于江淮间。

张骞初使西域。

建上林苑。

武帝建元五年（公元前 136 年），21 岁

罢三铢钱，行新铸半两钱。

置五经博士。

武帝建元六年（公元前 135 年），22 岁

罢丞相许昌，以舅田蚡为丞相。

闽越王郢击南越，遣将攻之，未至，越人杀郢降。

武帝元光元年（公元前 134 年），23 岁

初令郡国举孝、廉各一人。

诏举贤良、文学，亲策之。

武帝元光二年（公元前 133 年），24 岁

汉伏兵马邑，诱击匈奴，断绝与匈奴和亲。

武帝元光三年（公元前 132 年），25 岁

黄河于淮阳缺口，发卒十万塞之，无功。

武帝元光四年（公元前 131 年），26 岁

杀前丞相窦婴，田蚡病死，以薛泽为丞相。

武帝元光五年（公元前 130 年），27 岁

使唐蒙通夜郎，置犍为郡。

发巴蜀卒数万人治南夷道。

使司马相如通邛、笮、冉、駹、斯榆，置十余县，置一都尉，属蜀郡。

陈皇后以巫蛊罪被废居长门宫。

以张汤为太中大夫与中大夫赵禹共订律令，作见知法——凡知人犯法而不举告，谓之故纵，与犯者同罪。

征吏民明世务、习儒术者，令与各郡国上计吏同诣京师。

武帝元光六年（公元前 129 年），28 岁

始税商贾车船，令出算。

开漕渠。

匈奴扰上谷，遣卫青、李广、公孙敖、公孙贺等击之，唯卫青胜，封关内侯。

武帝元朔元年（公元前 128 年），29 岁

诏议二千石不举孝廉罪。

匈奴入渔阳、雁门等地，遣卫青等击之，俘获数千。用李广为右北平太守，匈奴数年不犯右北平。

卫夫人生皇子据，被立为皇后。

东夷薉君南闾等二十八万人附汉，置为苍海郡。

武帝元朔二年（公元前 127 年），30 岁

颁布推恩令，削藩国势力。

匈奴入上谷、渔阳，遣卫青、李息等击之，收复河南之地，置朔方郡。

武帝元朔三年（公元前 126 年），31 岁

罢苍海郡、罢西夷，独置南夷、夜郎两县一都尉，专营朔方城。

张骞自大月氏还，拜为太中大夫。

武帝元朔四年（公元前 125 年），32 岁

匈奴入代郡、定襄、上郡，杀略数千人。

武帝元朔五年（公元前 124 年），33 岁

薛泽免相，以公孙弘为相，封平津侯。

遣卫青等击匈奴右贤王，大胜，拜卫青为大将军。

置博士弟子五十人，免除其赋役。

武帝元朔六年（公元前 123 年），34 岁

遣卫青统六将两次出定襄击匈奴，斩俘万余人，封霍去病为冠军侯、张骞为博望侯。

武帝元狩元年（公元前 122 年），35 岁

淮南王安、衡山王赐反，事泄自杀，受牵连者死数万人。

张骞遣使寻求身毒国，重开西南夷。

立刘据为皇太子。

武帝元狩二年（公元前 121 年），36 岁

丞相公孙弘死，以李蔡为丞相。

骠骑将军霍去病出陇西击匈奴，俘浑邪王太子得休屠王祭天金人。

霍去病、公孙敖分道出北地，张骞、李广分道出右北平，击匈奴。霍去病越居延，至祁连山，大捷，夺取河西之地。

匈奴浑邪王降，设五属国。

武帝元狩三年（公元前 120 年），37 岁

作昆明池教习水战。

始立乐府，以李延年为协律都尉。

武帝元狩四年（公元前 119 年），38 岁

以白鹿皮造币，以银锡造为白金三品；销半两钱，更铸三铢钱。

管盐铁、算缗钱。

遣卫青、霍去病击匈奴，漠北大决战，从此漠南无王庭，加卫青、霍去病大司马衔。

张骞再次出使西域。

武帝元狩五年（公元前 118 年），39 岁

罢三铢钱，铸五铢钱，汉币制始定。

丞相李蔡自杀，以庄青翟为相。

武帝元狩六年（公元前 117 年），40 岁

使杨可主持告缗。

遣使巡行郡国，查盗铸金钱者，并检举兼并之徒及为吏有罪者。

霍去病死，葬茂陵旁，墓像祁连山。

元鼎二年（公元前 115 年），42 岁

御史大夫张汤自杀，丞相庄青翟下狱自杀，以赵周为相。

起柏梁台，以铜作承露盘。

以孔仅为大农令，桑弘羊为大农丞，置均输通货物。

废白金，禁郡国铸钱，统一在上林苑三官鼓铸。

张骞使乌孙还。

设酒泉、武威郡。

求汗血马。

元鼎四年（公元前 113 年），44 岁

始巡郡国,至荥阳而还。

遣使谕南越王内属,比内诸侯王。

元鼎五年(公元前 112 年),45 岁

南越相吕嘉反,杀南越王赵兴与汉使者,武帝遣路博德、杨仆等征讨。

酎金案,夺列侯爵一百六十人,丞相赵周自杀,以石庆为相。

元鼎六年(公元前 111 年),46 岁

平南越,置九郡。

平西南夷,置五郡。

东越王余善反,遣将击之。

分酒泉、武威,置张掖、敦煌二郡。

穿六辅渠。

武帝元封元年(公元前 110 年),47 岁

率 18 万骑北巡,遣使谕告匈奴单于臣服。

东越人杀余善降,诏悉迁其民于江淮。

封禅泰山,下诏改元,以十月为元封元年。

置平准,赐桑弘羊爵左庶长,为治粟都尉,领大农令,掌盐铁,主均输与平准。

武帝元封二年(公元前 109 年),48 岁

发卒数万塞瓠子河缺堤,令群臣自将军以下皆负薪,终填黄河缺口。

遣荀彘、杨仆水陆两路征伐朝鲜。

滇王降，赐滇王印，以其地为益州郡。

武帝元封三年（公元前 108 年），49 岁

遣将军赵破奴俘楼兰王，破车师。

朝鲜降，设乐浪、临屯、玄菟、真番四郡。

武帝元封五年（公元前 106 年），51 岁

大司马大将军卫青死，墓像卢山。

初置部刺史，巡察郡国。

诏州郡察举茂才异等。

武帝元封六年（公元前 105 年），52 岁

汉乌和亲，细君远嫁乌孙。

武帝太初元年（公元前 104 年），53 岁

定太初历，以正月为岁首，改元太初。

筑受降城于塞外。

遣贰师将军李广利西征大苑。

武帝太初二年（公元前 103 年），54 岁

丞相石庆卒，以公孙贺为相。

李广利攻大宛失利，遣使截退兵于玉门。

武帝太初三年（公元前 102 年），55 岁

李广利再征大宛。

武帝太初四年（公元前 101 年），56 岁

李广利伐大宛胜还，自敦煌筑亭至盐泽，于轮台渠犁置卒屯田，供出使西域使者之用。

武帝天汉元年（公元前 100 年），57 岁
遣苏武等出使匈奴。

武帝天汉二年（公元前 99 年），58 岁
遣李广利击匈奴于天山，胜还。
李陵降匈奴。
作沉命法。

武帝天汉三年（公元前 98 年），59 岁
武帝封禅泰山。

武帝天汉四年（公元前 97 年），60 岁
遣李广利等击匈奴，战不利。
族诛李陵家。

武帝太始元年（公元前 96 年），61 岁
徙郡国吏民豪杰于茂陵。

武帝太始二年（公元前 95 年），62 岁
赵国中大夫白公奏穿渠引泾水，成白渠。

武帝太始三年（公元前 94 年），63 岁
钩弋夫人生子弗陵。
武帝东巡。

武帝太始四年（公元前 93 年），64 岁

武帝东巡，封禅泰山。

武帝征和元年（公元前 92 年），65 岁

大搜上林苑、长安城，巫蛊始起。

武帝征和二年（公元前 91 年），66 岁

族诛丞相公孙贺，以刘屈氂为相。

巫蛊之祸，太子刘据、卫皇后自杀。

武帝征和三年（公元前 90 年），67 岁

丞相刘屈氂因与贰师将军李广利谋立昌邑王为帝，下狱腰斩。

匈奴入五原酒泉，遣李广利击之，李广利率 7 万众降匈奴。

车千秋讼太子冤，族灭江充，建思子宫，为归来望思台于湖县。

武帝征和四年（公元前 89 年），68 岁

纳车千秋之议，悉罢诸方士求神仙事。

以车千秋为丞相，封富民侯。

下轮台罪己诏。

以赵过为搜粟都尉，改进农具，推广代田法。

武帝后元元年（公元前 88 年），69 岁

金日䃅擒马何罗，平宫变。

逼死钩弋夫人。

武帝后元二年（公元前 87 年），70 岁

立刘弗陵为太子，托孤于霍光、金日磾、桑弘羊、上官桀。

二月，崩于五柞宫，葬茂陵。